中共中央党校（国家行政学院）
离退休人员科研成果资助出版项目

# 哲学随笔

宋惠昌　著

人民东方出版传媒
People's Oriental Publishing & Media
東方出版社
The Oriental Press

**图书在版编目（CIP）数据**

哲学随笔 / 宋惠昌 著 .— 北京 ： 东方出版社，2024.6
ISBN 978-7-5207-3961-0

Ⅰ.①哲…　Ⅱ.①宋…　Ⅲ.①哲学－文集　Ⅳ.①B-53

中国国家版本馆CIP数据核字（2024）第100412号

**哲学随笔**
ZHEXUE SUIBI

---

**作　　者**：宋惠昌
**责任编辑**：李小娜
**出　　版**：东方出版社
**发　　行**：人民东方出版传媒有限公司
**地　　址**：北京市东城区朝阳门内大街166号
**邮　　编**：100010
**印　　刷**：定州启航印刷有限公司
**版　　次**：2024年6月第1版
**印　　次**：2024年6月北京第1次印刷
**开　　本**：787毫米 ×1092毫米　1/16
**印　　张**：18
**字　　数**：221千字
**书　　号**：ISBN 978-7-5207-3961-0
**定　　价**：65.00元
**发行电话**：（010） 85924640

---

# 目 录

前言 01

导论 我们应当具备哪些哲学思维能力 01

第一题 人——哲学研究的出发点和归宿 13

第二题 坚持彻底的唯物主义 37

第三题 让辩证法使我们的思想充满活力

——把思想从形而上学的桎梏中解放出来 63

第四题 逻辑学中的思想智慧 85

第五题 思想常新的哲学秘密 101

第六题 非理性思维方式的特殊认识论功能 117

第七题 高科技发展中的哲学问题思考 149

第八题 试论民主政治机制运行的哲学思维基础 173

第九题 我们怎样才能真正获得自由 207

第十题 论真实的自我 239

第十一题 神话与思想

——神话研究的哲学意义 255

# 前言

作为哲学论文集，本书中的论文，主要是随笔性质的哲学论文，故称之为哲学随笔。所谓哲学随笔，是摆脱了一般哲学教科书体系或者格式的束缚的内容，在每篇文章中，主要就某一个哲学问题，能够比较深入细致地进行专门探讨，并且能够自由地作某些思想的发挥，使那些看似高深莫测的哲学论文，能够写得比较轻松一些，甚至随意一些，使不同学术专业的人们更容易接受。这样，才能尽量拓展哲学研究的理论视野，不断发挥增强读者哲学思维能力的作用。

为了达到这样的目标，必须做到论文的资料丰富，思想深刻，论述简明，引人入胜。这就是说，成功的哲学随笔，应该是学术性强、可读性强的。事实证明，这并不是一件容易的事情。这就要求作者必须对哲学的基本原理有更加深刻的理解、更加准确的表达，做到深入浅出，通俗易懂；同时，又能够有理论探索的勇气，这样才能写出比较好的随笔性的哲学论文。

这里需要说明的是，这本哲学随笔集中的论文是在报刊上发表过的，在收进本论文集的时候，为了保证体例上的统一，笔者对其不同程度地进行了文字上的修改。虽然如此，从这些随笔性质的论文中，读者仍然能够感受到中国特色社会主义改革开放时代中，我国哲学思想的历史发展风貌。就此而言，本论文集也试图通过总结我国哲学社会科学发展的历史经验，为推进哲学学术不断发展进行理论尝试。本随笔集既然是一种理论尝试，那么错误自然就是难免的了；但是，如果我们在理论尝试这条路上一步也不敢迈，那么所谓理论发展，也就无从谈起了。

宋惠昌

2023 年 2 月 1 日

· 导论 ·

# 我们应当具备哪些哲学思维能力

我们为什么要学习和研究哲学？简单地概括说，就是要适应复杂多变的社会环境对工作提出的要求，培养我们的现代科学世界观和方法论，通过思维方式的改造，增强我们的哲学思维能力。

## 一　现代社会需要我们具备的哲学思维能力

古希腊哲学家柏拉图曾经说过这样一句名言：一个国家的国王必须由哲学家来当。他甚至还说过，哲学家应当是国家中的国王，否则，国家会永远不得安宁。意大利的近代思想家葛兰西也表达过类似的思想，他认为，哲学家应该是一个政治家，同样的道理，真正的政治家不能不是一个哲学家。其实，他们的这些说法，可以概括为这样一种重要的思想：那些对深化改革开放有雄心壮志的人，那些对国家和社会发展有历史视野的人，特别是那些在全局事业中有指导地位的人，那些在改革开放事业中从事全局性工作的人，必须具有清醒明确的哲学头脑，或者说，他们必须具有比较强的哲学思维能力。

当然，柏拉图、葛兰西的这些思想，应该在更加广泛的意义上来思考，即我们如果希望自己能够站得高、看得远，具有全局性的视野，那就应该使自己具备哲学思维能力，成为一个有哲学头脑的人。那么，这里所说的哲学头脑，或者说哲学思维能力，它的本质特征和基本功能究竟是什么呢？这里对此稍加展开论述，以求回答“我们为什么需要有哲学头脑”或者“哲学思维能力”这个问题。

一提起“哲学思维能力”，不少人可能会认为其有几分神秘感。其实，哲学思维能力并不是什么神秘的东西，只要我们对哲学有基本的了解，对哲学思维方式的主要特征有基本的了解，那么，我们对哲学思维能力的结构和本质，就会有明确的认识。根据对哲学思维方式主要特征的认识，从现代社会领导实践出发，我们大体上可以把现代领导者所需要的哲学思维能力总结为理论概括能力、逻辑表达能力、抽象思维能力、批判性思维能力等几个方面。

第一，通过学习哲学，不断增强自己的理论概括能力。

我们常常能够看到，那些高明的领导者，他们的讲话或者文章，很善于把一些散乱的、原始形态的思想材料，归纳为几个精练的、简明扼要的理论观点，使人一目了然。我们有时也会发现与此相反的现象，即一些领导人，说起话来杂乱无章，使人抓不住要领；写起文章来像开杂货铺，使人感到茫然无绪。为什么会有这样的区别呢？这就是因为一些人没有基本的哲学素养，没有必要的哲学概括能力。

作为认识世界的思维方式，哲学思维是从总体上、宏观上来把握世界的，而且反映的是自然界、社会和人本身的最一般特征。这就是说，哲学思维方式的特点，是系统性、全面性，归根结底是理论上的概括性。所以，进行哲学思维训练，就是要不断增强我们的理论概括能力。就此而言，我们在实际的领导工作过程中，要能够对那些凌乱的、不系统的思想相关资料进行哲学层次上的概括，使之更加系统化、理论化，具有更强的概括性。

第二，通过学习哲学，增强自己的逻辑表达能力。

那些杰出的领导者，往往有一个共同的特点，即他们都善于表达自己的思想观点，而且条理分明，有很强的说服力，有人把这个特点称为“强有力的逻辑力量”。反之，人们也会发现，有的领导者说起话来，语无伦次，甚至词不达意，不知所云，使人越听越糊涂；还有一些人，说话或者写文章，往往使人感到强词夺理，说服力很差。领导者之所以出现这样的现象，除了思想政治素质、语言文字修养等方面的缺陷之外，缺乏基本的哲学思维训练，逻辑表达能力差，也是不可忽视的原因。

英国大哲学家罗素说过，逻辑为哲学提供了研究方法，正如数学为物理学提供了研究方法一样。他的一个结论是，逻辑是哲学的本质。从古至今，哲学发展的历程说明，逻辑思维是哲学与其他科学相区别的一个主要特征，也是它作为思维方式的一个特殊功能。这里所谓的逻辑思维，就是在认识事物的过程中，遵循思维的一般规律，运用概念或者范畴进行推理，按照逻辑规则作出判断，提纲挈领，得出准确的结论。这样的思维才能保证论述的清晰、明确、正确，这样得出的结论才能具有比较强的说服力。思维严密、表达准确，必然能使自己的演说或者文章雄辩有力。须知，这要求领导者具有很强的逻辑思维能力。

第三，通过学习哲学，增强自己的抽象思维能力。

有些领导者，掌握的情况不少，对数字和细节也相当熟悉，但是，说起话来往往就事论事，罗列一大堆事实，因此，表达的观点往往很肤浅，抓不住问题的要害。为什么会产生这样的现象呢？因为他们始终停留在事情的表象上，而没有能够抓住事情的本质。可想而知，抓不住事情的本质，就很难说清事情的真相，这样，就不可能认识到事情发生的真正原因。解决这个问题的出路何在呢？其中的一个途径，就是进行自觉的哲学抽象思维能力训练，增强自己的抽象思维能力。

德国哲学家叔本华认为，从根本上说，哲学就是力图透过表象的帷幕认识非表象的东西。具体一些说，就是人们对自己所掌握的原始材料进行清理，剔除无关紧要的、表面的东西，对主要的材料进行归纳、概括，凝结出相应的概念。运用概念，进行推理，得出一些根本性的观点，从而使人透过现象认识本质，这就是具有哲学头脑的人的抽象思维能力。（关于抽象思维能力问题，后面有专论）

第四，通过学习和研究哲学，不断增强自己的批判性思维能力。

在日常的政治生活中，能够不时地发现这样一些人，他们表现得很精明，但是，常常是人云亦云，他们特别善于根据上级领导的思路来思考问题，或者精心地论证领导讲话的“正确性”。我们可以把这称为“论证性思维”。这样的论证性思维不能说毫无价值，但是，坚持这样的思维方式，就必然使他们没有自己的思想见解。可想而知，一个只能重复别人思想、毫无个人独立见解的人，是很难开创出新局面的。问题的症结何在呢？就在于他们的思维方式的非批判性，而能不能进行批判性思维，是检验一个人是不是具有哲学头脑的一个重要标志。

所谓“批判性思维”，并不是对事物进行形而上学的否定，而是自主地、独立地进行分析、解剖，通过对客观事物的研究，独立地得出自己的结论。这样的批判性的研究，本质特点在于，它不是以任何已有的结论为根据，不是以什么权威的文献为根据，更不是以任何当权者的指示为根据，而是从对客观事实本身的分析中得出自己的结论。同样地，这些独立思想见解的正确性，并不靠符合所谓“经典”来证明，也不靠什么权威人士来认可，更不靠什么高官来撑腰，而是实事求是、从实际出发地研究和思考问题，并且只靠实践来证明其真理性。可见，批判性思维，就是运用批判的方法开辟新的认识领域，得出新的结论，所以，它与一切先验论的思想方法是针锋相对的。（关于批判性思维能力问题，后面有专论）

（原载于《学习时报》2012 年 4 月 23 日）

## 二　论抽象思维能力

近些年来，我国掀起了旅游热潮，人们通过旅游，大开眼界，对国内外的情况有了更广泛的了解，获得了很多生动而丰富的知识。对于那些认真思考问题的人来说，在此基础上，他们对国家的可持续发展，比如在维护生态环境方面，有了更加深刻的认识。但是，在大量的旅游者中，也有另外一种人，他们跋山涉水，似乎就是为旅游而旅游，好像就是为了满足自己的一种“旅游”欲望而旅游！一位美国的旅游者，对中国某些旅游者的这个特点提出了尖锐的批评。他写道：“中国人旅游时似乎不愿意去感受美景，到达一个景点后，他们会互相拍照……然后迅速离开。在许多外国人看来，中国人好像是为了‘去那里做那些事’，而不是去欣赏美景。”

说到这里，让我们回到学习哲学的目的上来。学习和运用哲学的目的是什么呢？从根本上说，就是为了认识客观世界的发展规律，而要能够认识事物的发展规律，一个重要前提，就是必须把握事物的本质。怎样才能把握事物的本质呢？最主要的思维方法，就是发挥抽象思维能力。

什么是抽象思维能力？这是从感性认识到理性认识过程中，由对事物的现象的认识，到对事物的本质的认识。这是人对客观事物认识的一种升华和结晶，即通过形成概念来反映事物的本质，进而揭示事物的发展规律。这里的关键，是人们在其认识过程中，把感性认识阶段所观察到的事物的具体现象，即事物的多样性，在理性认识的层次上作出概括，形成反映事物本质的概念。这就是认识中的抽象过程。比如，我们在旅游过程中，对某地那如画的风景，在观察后进行思考，概括为一个字——“美！”，就是这样的抽象思维过程。

那么，对一些活生生的、各种各样的具体事物，通过抽象得出了这样概念性的认识结果，它能够正确、真实地反映客观事物吗？对这个问题，列宁曾有几句名言，可以为我们解惑。他说：

“概念是人脑（物质的最高产物）的最高产物。”

“当思维从具体的东西上升到抽象的东西时，它不是离开——如果它是正确的——真理，而是接近真理。物质的抽象，自然规律的抽象，价值的抽象及其他等等，一句话，那一切科学的（正确的、郑重的、不是荒唐的）抽象，都更深刻、更正确、更完全地反映自然。从生动的直观到抽象的思维，并从抽象的思维到实践，这就是认识真理、认识客观实在的辩证途径。”

为什么说思维中“抽象的东西”更“接近真理”，而且“科学的抽象”“更深刻、更正确、更完全地反映”客观实际呢？这是因为通过思维抽象所形成的概念，能够更深刻地反映事物的本质，而在事物本质的理论层次上，人们便可以认识到事物发展的规律。认识到事物的本质，把握了事物发展的基本规律，我们就能够正确指导自己的实践。所以，科学的抽象，具有非常重要的认识论意义，因而也具有非常重要的实践价值。

当我们打开马克思的伟大著作《资本论》的时候，最先看到的是第一卷第一篇第一章的标题，也就是“商品”。许多人感到《资本论》难读，原因就是一开始就遇到了“商品”这个抽象概念。如果我们硬着头皮认真读下去，就会越来越深刻地体会到，正是“商品”这个抽象概念，集中揭示了资本主义生产的本质特征，或者可以说，在“商品”中隐藏着资本与劳动之间关系的全部秘密。因此，也正是在“商品”的基础上，马克思建立起了资本主义市场经济体系的大厦。

同样地，抽象思维能力，对于我们的实践也有重要价值。我们现在的伟大战略任务之一，就是要建设更加完善的社会主义市场经济体制。怎样才能掌握在这方面工作中的主动权呢？说到底，就是要充分认识一般市场经济运行的基本规律，特别是社会主义市场经济运行的基本规律，而要做到这一点，就要对商品、货币、金融等这些抽象概念有真正深刻的了解。反过来说，我们如果没有关于商品的知识，没有关于金融的知识，就没有资格从事社会主义市场经济工作。

在现代市场经济中，要对庞大的经济运行体系有控制权，绝不能就事论事，而必须有一个宏观的把握。或者说，整个的市场经济运行体系，要以一个完整的整体存在于人的思维之中。这就必须有哲学上的抽象思维能力。所以，如果你要从事市场经济宏观领域的工作，那就应该提出这样的问题：你已经具备抽象思维能力了吗？

（原载于《学习时报》2012 年 11 月 12 日）

## 三　论批判性思维能力

在“文化大革命”结束前一段时期里，在各种各样的政治运动中，“批判”这个词，是很有些恐怖味道的。如果听说谁被点名“批判”了，那就和被“打倒”了是差不多的意思；如果某个作品被“批判”

了，那就是这个作品被定为“毒草”了；等等。这就是说，在人们的心目中，“批判”就是“打倒”，“批判”就是全盘否定。于是，“批判”就成为一种对敌斗争的手段。后来有人甚至提出了“要用武器的批判代替批判的武器”的口号，这样，“批判”就完全成了一种政治斗争的手段。从那个年代到现在，虽然过去了几十年，但是，不少人一听到“批判”这个词，还是心有余悸。其实，这是曲解“批判”的概念造成的时代悲剧。

那么，对“批判”这个概念，我们究竟应该如何理解才正确呢？我们可以从近代以来学术著作对这个词的运用中作一些认真的研究。德国哲学家康德有三部著名的经典著作，即《纯粹理性批判》《判断力批判》《实践理性批判》；马克思、恩格斯的一些著作，也有不少这样的题目，如《神圣家族，或对批判的批判所做的批判》、《黑格尔法哲学批判》、《政治经济学批判》(《资本论》的副标题就是“政治经济学批判”)、《哥达纲领批判》等。

从这些书中可以看出，康德、马克思、恩格斯、郭沫若所使用的“批判”一词，主要是“分析”“研究”等意思，而并不是“全盘否定”的意思。就这一点来说，“批判”也是一种认识方式，与一般的认识方式，在根本上是一致的。但是，作为一种认识方式，批判与一般的认识方式不同，它的认识方式更加尖锐，往往具有剖析甚至揭露的特点，因为它充分体现出了辩证法在认识过程中的作用。辩证法的本质特征是什么呢？对此，马克思有过一段极为深刻的揭示：

“辩证法，在其神秘形式上，成了德国的时髦东西，因为它似乎使现存事物显得光彩。辩证法，在其合理形态上，引起资产阶级及其夸夸其谈的代言人的恼怒和恐怖，因为辩证法在对现存事物的肯定的理解中同时包含对现存事物的否定的理解，即对现存事物的必然灭亡的理解；辩证法对每一种既成的形式都是从不断的运动中，因而也是从它的暂时性方面去理解；辩证法不崇拜任何东西，按其本质来说，它是批判的和革命的。”①

从马克思关于辩证法认识方式的这个阐述中可以看出，这个认识方式体现着强烈的历史感，贯穿着深刻的发展精神，具有很鲜明的革命性质。这就是批判这一认识方式的本质特征，而且正是这一点，使它与各种各样的形而上学认识方式形成了鲜明对立。

我们以马克思对资本主义生产方式的批判性认识为例来作些研究。在马克思看来，资本主义生产方式是人类文明发展的一个历史阶段，在这个历史时期中，资产阶级曾经起过非常革命的作用，它在不到一百年的阶级统治中所创造的生产力，比过去一切世代创造的全部生产力还要多，还要大，并且按照它自己的面貌创造出了一个新世界；但是，随着生产力的发展，它与生产关系的矛盾日益不可调和，那么，资本主义的灭亡也是不可避免的。马克思对资本主义的这个批判性认识生动地说明了，他对资本主义的肯定的理解中同时包含对资本主义的否定的理解，即对它的必然灭亡的理解。这就是批判的认识方式的本质特征。

---

① 《马克思恩格斯选集》第 2 卷，人民出版社 1972 年版，第 218 页。

充分了解批判的认识方式的本质特征，对于克服形而上学认识方式的影响有着重要意义。长期以来，由于“左”的政治运动的影响，在不少人的头脑中，形成了一种所谓“论证式”的思维方式。当他们研究某些已有观点、命题、指示等的时候，总是把它们作为“先验正确”的东西确定下来，然后再千方百计地论证它们的“正确性”。这样，他们在“论证式”的认识过程中，就成为消极、被动的接受客体。这样的形而上学认识方式，必然培养出一批思想懒汉，而这些缺乏“批判”头脑的思想懒汉，在关键时刻，往往会因为失去辨别是非的能力而成为引发政治灾难的“啦啦队”。

经验和教训说明，对那些处于政治风浪中的领导者，坚持辩证法的批判认识方式，有一个“批判”头脑，实在是太重要了。因为这种贯穿着辩证法的批判性认识方式，会使人成为一个清醒的主体，始终保持独立的认识能力，能够明确地辨别是非，所以，那些具有“批判”头脑的人，在任何复杂的政治环境中，都能够坚持自己的思想见解，而不至于成为错误思潮的应声虫。

（原载于《学习时报》2012年9月10日）

·第一题·

# 人——哲学研究的出发点和归宿

哲学是研究什么的？如果就研究的客观对象而言，离开了现实生活中的人，没有对人的价值的科学认识，对人性的本质及其价值缺乏正确认识，哲学研究就失去了它自身的价值。人，是哲学研究的出发点。

再进一步说，哲学作为一种社会科学研究形式，它的研究对象是人的思想意识，是人的意识的起源、形成、功能等。同时，人的意识的社会价值的研究，可以说是哲学研究的核心内容。这样，上述这些内容的研究，就构成了一般哲学研究的基础。

我们为什么要研究哲学？为了我们自己，为了人本身，为了增强越来越多的人的理论思维能力，归根结底是为了使人的价值得到真正的实现。这样，在整个理论视野中，人真正成为最高的价值主体。所以，人，是哲学研究的归宿。

## 一 “人是目的”

20 世纪 80 年代，伴随着改革开放的兴起，学术界曾经开展过一次关于人、人性、人权、异化、人道主义等问题的争论。其中的争论焦点是，人在马克思主义理论中究竟应该居于什么样的地位，人是不是马克思主义的中心和出发点，等等。这次争论虽然没有结论，有些问题的分歧一直到今天仍然没有取得一致的看法，但是，它毕竟是中国理论界的一次觉醒：人的问题终于被提到最重要的位置上了！因为可想而知，既然要下决心搞改革开放，却又回避人的问题，那岂不是缘木求鱼？

其实，从中世纪结束、启蒙时代开始，人的问题，就已经成为思想家们的研究中心了。人是什么？人与自然界的关系是什么样的？人在社会中应该具有何种位置？人与人之间应该是什么样的关系？人生的意义是什么？等等，这些是自古以来哲学家们争论不休的主题，而且，一直到现在，人们仍然在争论着这些问题。大概，只要有人存在，关于人的争论，就会继续下去。可见，人的问题是哲学研究中一个古老而又常新的话题。

关于人的问题，为什么有这样大的吸引力呢？这是因为迄今为止，在整个宇宙中，只有地球上的人才有自我意识，人是唯一有思想的主体。所以，古代哲学家说，人是万物之灵，人是万物的尺度，人是宇宙的主宰，等等。但是，随着人类社会的进化、发展，人本身又开始分化，由于经济、政治、文化上的地位变化，不同的人有了不同的处境，甚至出现了人压迫人、人剥削人、人奴役人的现象！因此，哲学家和思想家们，在对人的研究中，又进一步提出了一些新的问题。这些问题，涉及人的价值、人的解放等方面，这样，就把关于人的研究提高到了新的历史水平。其中有代表性的观点，是18世纪德国启蒙哲学家康德提出的“人是目的”这个理念。

为什么说“人是目的”呢？康德说，最根本的原因就是，人是一种有理性的动物，而有理性的动物，就是作为目的本身而存在的；而人所追求的对象、爱好的对象，比如某些事物，它们之所以有价值，是由于人的追求、爱好，否则，它们就没有价值了。也就是说，除了人之外，其他一切的生物和非生物的价值，都是有条件的。但是，人的价值，是其本身所固有的，因此是无条件的。这就是说，人是有自我意识的、有理性的动物，是这个世界上最高的价值主体。所以，要把人作为目的来对待，而绝不能当作手段！

康德所说的“人是目的，不是手段”这个命题，虽然看起来很抽象，但是，如果放在当时的历史背景中去研究，就可以看出这个命题中，实际上包含着很深刻、很具体的内容。那就是它直接指向了当时的封建专制制度。因为，大量的事实证明，封建专制制度的一个本质特点，是不把人当人对待。所以，康德“人是目的，不是手段”这个命题的本意，就是必须把人当作人来对待！这在今天看来，只不过是一个平凡的真理而已，但是，在康德的那个年代，它却有着革命性的启蒙意义。

在当代中国，要真正推动改革开放的历史进程，也必须伴随一个思想启蒙运动，而思想启蒙的核心问题，就是继承历史上启蒙运动的传统，进一步提高对人的价值的认识。在这方面的一个突出成果，就是“以人为本”理念的明确提出。很显然，在改革开放的今天，提出

“以人为本”，这是有明确针对性的。

在“文化大革命”以前，个人崇拜这样的拜物教，曾经使我们长期陷入蒙昧状态；目前，各种各样的权力拜物教，成为滋生腐败的意识形态基础。从根本上说，这一类拜物教，否定了人本身的价值，使社会的价值观出现扭曲，因而就使一些腐朽思想大行其道。因此，无论是在经济活动、政治活动中，还是在文化活动中，绝不能把人作为“物”，要毫不含糊地把人作为“人”，始终把人作为中心、作为根本、作为目的，归根结底要把人作为全部社会生活的最高价值主体。

随着现代政治文明的发展，我们越来越清楚地认识到，保护人的生命、保障人的幸福、促进人的自由全面发展，无论是对于国家还是对于政党来说，都是第一位的任务。也就是说，我们的一切纲领、政策，都必须以人为中心；我们的一切奋斗，都是为了人的幸福。这就是说，社会主义改革开放，归根结底是以人为目的的。

（原载于《学习时报》2013 年 7 月 22 日）

## 二　“以人为本”的本意是什么

在改革开放的关键时期，中国共产党十七大明确提出了“以人为本”的理念。人们不禁要问：为什么在这个时候提出了这样的理念？

“以人为本”理念的针对性是什么？它对我们的各项工作有什么样的指导意义呢？要解决这些理论问题，归根到底是要搞清楚“以人为本”的本意是什么这个问题。

长期以来，一些极左的口号，诸如“以阶级斗争为纲”“坚持无产阶级专政下的继续革命”“斗私批修”等，扰乱了人们的思想，造成了很坏的影响。随着改革开放的逐步深化，我们在社会的经济、政治、文化生活中，越来越多地克服了长期以来存在的政治幻想，自觉地走上政治现实主义的道路。其中的一个重要标志，是逐步抛弃各种各样的拜物教意识的束缚，明确提出“以人为本”的理念。

“以人为本”也可以说就是“人本位”，这是在西方近代资产阶级革命时代提出的，它的本来含意是要以人的至上地位取代神的至上地位，以民主主义的民权政治取代专制主义的君权政治。可见，提出“以人为本”的理念，是针对中世纪神权统治和封建君权专制主义统治的。所以，“以人为本”或者“人本位”理念的倡导，有着巨大的启蒙意义。关于这一点，中国近代启蒙思想家曾经深有感触地说过，在中国延续几千年的封建社会中，许多人只知道有“民”，而不知道有“人”！所以，“以人为本”不能简单地等同于“以民为本”。

这样，我们就可以进一步认识到，所谓“以人为本”的本来意义就是以人为根本，就是以人为中心。因为人是整个社会、整个国家的根本，而“人的根本就是人本身”，“人就是人的世界，就是国家，社会”（马克思语）。这就意味着，人本身具有最高的价值，人是最高的价值主体。所以，我们今天强调“以人为本”的理念，这就是要求人们更加充分地认识到，在社会主义社会中，保护人的生命、保障人的幸福、促进人的发展，无论是对于国家还是对于政党来说，都是第一位的任务。或者也可以这样说，我们的一切纲领、政策，都必须以人为中心，而且归根结底都是为了人的幸福。

这样，我们就可以进一步看出"以人为本"理念的现实针对性了。这就是，"以人为本"与"以物为本"是根本对立的。当然，这里所说的与"人"相对立的"物"，是作为拜物教意识基础的各种"异化物"。这就是说，在本来意义上的"以人为本"，就是把人从各种意识形态幻想的束缚中剥离出来，从拜物教意识中解放出来，科学地认识人的本质，强调人本身价值的至高无上性。所以，无论是在经济活动、政治活动中，还是在文化活动中，都要毫不含糊地把人作为中心、作为根本、作为目的——始终是把人作为"人"，而不是作为"物"、作为手段。

这样，明确了"以人为本"理念的实质和现实针对性，也就会明确它对我们的意义。

第一，"以人为本"理念的实质，是它的彻底平等精神。因此，"以人为本"与任何一种特权意识、特权制度都是针锋相对的，而专制政治、特权和政治腐败，是有因果关系的。所以，坚持"以人为本"，对于遏制政治腐败、推进民主政治建设，具有重要价值。

第二，"以人为本"理念，越来越充分地体现出作为个体的人都是自由、平等的，所以，它强调每个人独立的权利主体地位。在对人的不同态度上，"以人为本"与拜物教之间的对立，实质是自由平等的主体意识与等级特权意识的根本对立。所以，坚持“以人为本”的理念，对于建设社会主义法治国家、提高我国社会的文明水平具有深远的意义。

第三，“以人为本”理念，与权力拜物教根本对立，它反对蔑视人的价值，强调尊重人的尊严。它把人视为最高的价值主体，人与人之间没有尊卑贵贱之别，主张凡是人，都要得到应有的尊重，切实地把人作为人。所以，“以人为本”的理念，有利于提高我国的政治文明水平。

第四，现代市场经济是一种高度发达的服务型经济，它要求形成一种现代服务意识，即服务者与服务对象，必须是人格平等、法律面前平等的，没有等级尊卑的歧视观念。“以人为本”理念，正是体现了现代市场经济的这种内在要求，所以，“以人为本”理念，必然有利于建设完善的社会主义市场经济体制。

总之，“以人为本”是我们党和国家任何领导工作的根本方法，因为在研究任何工作、解决任何问题的过程中，都必须抓住一个中心——“人”，否则，即使做了很多工作，但如果忘记了人，那就是离开了工作之本，就是离开了工作的中心，因此，整个工作也就没有什么意义了。

（原载于《学哲学用哲学》，中共中央党校出版社2013年版）

## 三　善恶观念转变的深刻意义

在现实生活中，大多数人都是向往“善”而拒斥“恶”的。也就是说，几乎没有一个人公然说他是向“恶”而拒“善”的！然而，具有讽刺意味的是，对于究竟什么是“善”、什么是“恶”，不同的人往往会有不同的，甚至是截然相反的观点。而且，随着时代的变革，善恶观念经常发生剧烈的转变。但是，人的善恶观念，归根结底是现实社会关系的反映。因此，我们能够通过善恶观念的“混乱”和“剧变”这个视角，来洞察社会结构的深刻变革。这就是善恶观念转变的深刻意义之所在。

什么是善恶观念呢？

善与恶，这是一对古老的道德范畴，也是一般伦理学的基本概念。善与恶分别是对合乎道德的现象与不合乎道德的现象的概括，因此，它们与“道德行为”“不道德行为”这类概念具有同等意义。一般来说，善与恶是从动机与效果的统一中去对人们的言行进行道德评价的，前者是肯定，后者是否定。实践证明，真正掌握善恶标准，可以使人们有一个起码的明确的道德界限。

在有阶级的社会里，善与恶是有阶级性的，不同的阶级往往在善恶观念上是直接对立的。剥削阶级把维护剥削制度的言行看作是善的，而把劳动人民反抗剥削和压迫的革命行动看作是恶的。善恶观念的这种差别或对立，根本原因在于人们阶级利益的不同或矛盾。在现代社会中，人们的不同善恶观念，其根源在于他们是不同的现实利益主体。

或者说，人们往往是戴着利益的有色眼镜，来对别人的言行作出善恶判断的。

善与恶的范畴，毕竟是现实社会关系的反映，所以，判断善与恶的根本依据或最终标准，归根结底还要看一个人或一个社会集团的言行是否符合社会进步的客观要求，看其是有利于社会发展，还是有碍于社会发展。这是由善与恶的根本性质决定的，因为，善的言行与历史发展的必然性是一致的，逆历史发展潮流而动的言行则是恶的、不道德的。

当然，善与恶的范畴并不是抽象的、僵化不变的范畴，人们的善恶观念具有鲜明的历史性。恩格斯说过："善恶观念从一个民族到另一个民族，从一个时代到另一个时代变更得这样厉害，以至它们常常是互相直接矛盾的。"这就是说，不同的社会历史条件下，人们会有不同的善恶标准。当社会关系发生变化的时候，人们的善恶观念也必然会发生相应的变化。

任何一个社会大变革时期，伴随着经济基础的变革，上层建筑，尤其是意识形态领域，都要相应地发生深刻的变化。有的时候，人们的道德价值观念，还会出现混乱甚至倒错的情况。孔子就曾经用"礼崩乐坏"这样的话来形容他那个时代的社会大变革所造成的人们善恶观念的剧变。

在资本主义取代封建主义的社会变革过程中，人类经受了空前的思想观念变革。在描述人类社会的这一次大变革过程时，马克思、恩格斯曾经这样说过：

“资产阶级除非对生产工具，从而对生产关系，从而对全部社会关系不断地进行革命，否则就不能生存下去……生产的不断变革，一切社会状况不停的动荡，永远的不安定和变动，这就是资产阶级时代不同于过去一切时代的地方。一切固定的僵化的关系以及与之相适应的素被尊崇的观念和见解都被消除了，一切新形成的关系等不到固定下来就陈旧了。一切等级的和固定的东西都烟消云散了，一切神圣的东西都被亵渎了。人们终于不得不用冷静的眼光来看他们的生活地位、他们的相互关系。”①

我们今天也正处在一个剧烈的历史大变革时期，与社会结构的变革相适应，人们的观念体系也必然要发生深刻的变化。其中，道德观念的变化，特别是善恶观念的转变，则表现尖锐。而道德观念及其善恶观念的深刻转变，反过来又形成了对社会结构变革的强烈精神冲击，从而有力地推动了社会结构的变革。

改革开放以来，我国社会的经济、政治、文化领域发生了翻天覆地的变化，这是有目共睹的事实。在道德观念上，特别是在善恶观念上，也产生了许多根本性的转变。这样的根本转变，集中反映在对待人的价值，特别是个人的价值问题上。“文化大革命”结束前的一个时期里，由于“左”的指导思想的影响，凡是涉及“个人”“个性发展”“个人利益”“个人奋斗”等，就会被斥责为贩卖“资产阶级思想”，就要受批判。实际上，这是对正常善恶观念的颠倒。现在，人们

---

① 《马克思恩格斯选集》第 1 卷，人民出版社 1995 年版，第 275 页。

能够理直气壮地谈论这些问题了，而正是由于重视个人的价值、维护个性发展、提倡积极的个人奋斗，才激发出了空前的积极性和创造性，有力地推动了社会的深化改革。很显然，这是把被颠倒了的善恶观念，重新颠倒过来的一个反映。

我国社会主义市场经济体制的形成和完善，经过了一个相当艰苦的历程，而这个急剧的体制变革，也伴随着人的思想观念，尤其是善恶观念的转变。长期以来，在“左”的思想指导下，“经商”“搞市场经济”“搞股份制”等，统统都被作为“资本主义”来加以批判。社会主义市场经济正是在冲破这些精神枷锁的过程中不断健康成长起来的。

社会主义改革过程中善恶观念这种空前的转变，对我们形成明智的哲学思维方式，带来可贵的启发：任何领导者，想要站在改革事业的前面，就必须积极地摆脱僵化道德观念的束缚，使自己的思想观念适应急剧变革的社会现实，如果仍然坚持那些过时的道德观念，就会被时代抛弃。

（原载于《学哲学用哲学》，中共中央党校出版社 2013 年版，第 183—185 页）

## 四　人性善恶之辩的意义究竟何在

在中外思想史上，一直有一个关于人性善恶问题的争论，而且存在这样一个规律性的现象：每到社会发展的一个重要转变时期，人们总要提出一个问题——人性究竟是善的还是恶的？现在，人们还要提出这样一个尖锐问题——搞清楚人性的善恶本质及其关系，其意义究竟何在？事实证明，人性善恶问题的争论，实际上是正确认识人的价值的一个重要理论基础。

中国古代的先秦时期，早期儒家和法家学者生活的年代，是社会处于大变革的历史时期，不同社会阶层的思想家们，就在这个问题上发生过激烈的争论，他们的观点甚至是针锋相对的。其中，以孔子、孟子为代表的一派儒家思想家，明确地提出了人性善的主张，而孟子的观点是最鲜明的。

在孟子看来，所谓人性，就是人之所以为人、区别于禽兽的那种本性，而且人的这种本性是与生俱来的、人所固有的。那么，人性的根本特点是什么呢？这就是道德上的善。同样地，人性善也是与生俱来的、人所固有的。孟子举例说，因为“人皆有不忍人之心”，所以，“今人乍见孺子将入于井，皆有怵惕恻隐之心”，“由是观之，无恻隐之心，非人也；无羞恶之心，非人也；无辞让之心，非人也；无是非之心，非人也”。

在当时，孟子的性善论，是针对告子的性无善恶论的。告子主张，人性是无所谓道德上的善恶的。告子认为，人性的具体所指，无非是人的食欲和性欲，即“食色性也”。而食欲和性欲是人生而固有、不学而能的自然本性，即所谓“生之谓性”。人性既然是人的自然本性，那么，它就和一切自然物一样，无所谓道德上的善恶了。为此，告子举例说："性犹湍水也，决诸东方则东流，决诸西方则西流。人性之无分于善不善也，犹水之无分于东西也。"也就是说，在告子看来，人性就是人的自然欲望、自然需要，像水流一样，难道向东流就是善的，向西流就是恶的吗？很显然，他认为人性有善恶之分是说不通的。

与上述观点不同的，是荀子的性恶论。荀子的基本主张是，人的本性是恶的，善是后天形成的。他说："今人之性，生而有好利焉。顺是，故争夺生而辞让亡焉；生而有疾恶焉，顺是，故残贼生而忠信亡焉；生而有耳目之欲，有好声色焉，顺是，故淫乱生而礼义文理亡焉。然则从人之性，顺人之情，必出于争夺，合于犯分乱理而归于暴。故必将有师法之化，礼义之道，然后出于辞让，合于文理，而归于治。用此观之，然则人之性恶明矣，其善者伪也。"

还有一种观点与上述三种观点都不同，即人性有善有恶论。如汉代儒家学者董仲舒、扬雄等都主张这样的观点。此外还有一些观点，则与上述各种观点是大同小异的。

在看了中国思想家的这些观点之后，我们应该得出一个什么样的结论呢？哪种观点是正确的呢？也就是说，人性究竟是善的还是恶的呢？从上述的争论来看，这个问题很显然是比较复杂的，如果用简单的"是一是、否一否"这样的思维方式来寻求答案，则很难令人满意。这个问题的解决，还是要回到人性究竟是什么这个问题上来。

人性是什么？无非就是人的本性，是人区别于其他一切生物的那些特性，而这些特性集中反映在人之所以为人的需要、愿望、欲望等方面，而它们的实质就是人所自觉认识到的利益。所以，人性的核心内容是利益。当然，对于人来说，“利益”概念本身就不仅仅像告子说的，无非就是食欲和性欲而已，也不仅仅是维持生存和发展的物质需要，还有人所特有的社会性需要，如荣誉、交往、人格尊严等。由此看来，人对利益的追求，本身是没有道德上善恶性质区别的，因为它是一种客观行为。

在“文化大革命”时期，由于“左”的指导思想影响，某些人曾经把“个人利益”“个性发展”等作为贬义词来看，把对个人利益的要求看作是丑恶的“资产阶级思想”。在今天看来，这是多么荒唐的事情！在这方面的恶劣影响，使得一直到目前，不少人对市场经济仍然存在着一种偏见，认为追逐利润、使自己的利益能够最大化，就是“唯利是图”，就是一种“恶”。很显然，这对于发展社会主义市场经济是很有害的思想。这样的观点之所以有害，是因为它不符合实际。

为了正确解决这个认识问题，研究一下现代经济学中关于“经济人”的理论，或许会给我们以启发。所谓的“经济人”，是微观经济学得以建立的一个假设条件。经济活动中这个抽象的一般人，其本性是自利的，而其行为则是合乎“理性”的，其在一定的约束（如收入）下寻求讨价还价，以最小的经济代价获得最大的经济效益，来实现自己利益的最大化。这就是说，人们在从事经济活动时，都以追求自己最大的经济利益为目的。由于这种利己动机支配下的行为，受着“一只看不见的手”的引导，所以，它在客观上增进了社会的效益。

这就是整个市场经济活动中的实际状况，市场经济也就是这样向前发展的。难道，对那些怀着利己动机从事经济活动的人，我们能够轻易给他们扣上一顶“恶”的帽子吗？如果是这样的话，在整个市场经济活动中，还有“好人”吗？这个社会经济事实告诉我们，离开人的利益，人性就是一个抽象的概念，自然地，“人性善”还是“人性恶”这样的抽象理念，也就没有什么意义了。

社会生活的实践教导我们，在这个世界上，不存在什么抽象的“人性善”或者“人性恶”，人们的利益是具体的、现实的。所以，一个人的人性究竟如何，这必须在其追求利益的不同方式中，才能真实地反映出来。这正如不能说人们追求权力是“廉洁”或者“腐败”一样，要根据其是如何运用权力的来进行判断。

（原载于《学习时报》2013 年 9 月 16 日）

## 五　人性的“神秘”力量

第二次世界大战中的一天，欧洲盟军最高统帅艾森豪威尔，由法国某地乘车返回总部，参加紧急军事会议。那天大雪纷飞，天气寒冷，汽车一路疾驰。途中，他看到有一对法国老夫妇坐在路边，冻得瑟瑟发抖。艾森豪威尔立即命令停车，让身边的翻译官下车去询问情况。一位参谋急忙提醒说：“我们必须按时赶到总部开会，这种事情还是交给当地的警方处理吧。”艾森豪威尔说：“如果等到警方赶来，他们可能早就冻死了！”经询问，这对老夫妇是去巴黎投奔儿子，但是汽车却在中途抛锚了。艾森豪威尔二话没说，立即请他们上车，并且特地先将老夫妇送到巴黎儿子家里，然后才赶回总部。

此时的欧洲盟军最高统帅没有想到自己的身份，他命令停车的瞬间，只是出于人性中善良的本能。然而，事后得到的情报却让人震撼不已——原来，那天德国纳粹的狙击手早已预先埋伏在他们的必经之路上。希特勒认为盟军最高统帅死定了，但狙击却流产了。事后他们怀疑情报不准确，但希特勒哪里知道，艾森豪威尔为救那对老夫妇于危难之中而改变了行车路线！艾森豪威尔的一个善念躲过了暗杀，否则第二次世界大战的历史可能会被改写。

有的时候，人的某一善念铸成了一个重大事件，这样的事情是屡见不鲜的。人们从这里会想到一个问题：人性中的一个善念，何以会产生这么大的神秘力量？也许，这就是古话说的“善有善报、恶有恶报”吧！艾森豪威尔的善举使他躲过了暗杀，这说明，人性中的善良，是生命中用之不竭的黄金。它的实质是：帮助别人，正是在善待自己。

当然，人性本身究竟是表现为善还是表现为恶，从根本上说，这是人的现实利益使然。同时，这也取决于行为主体的基本素质和文化教养状况。这方面的区别，使有的人遇上特殊情况时会有善举；但是，另一种人在遇到特殊情况时，则可能邪念一闪而产生恶行，比如，利欲熏心使其乘人之危而图财害命，由此而造成一系列的灾难。大多数情况下，这样的人是以害人开始，而以害己结束！

由此，人们同样会问：人性中的一个恶念，何以会产生这么严重的后果呢？也许，这同样是古话说的“善有善报、恶有恶报”吧！这说明，在人性的深处——人的心灵深处，是无限复杂的，埋藏着各种玄机。如果你深入其中，善念一闪，即得到升华；反之，恶念一生，则立即会堕入深渊，万劫不复！现实生活中，这样的情况还少见吗？

人性的这些不同表现，何以会产生这样“神秘”的力量呢？说到底，这是人的一种利益驱动力使然。而这种驱动力的性质和方向，则取决于人们具有一种什么样的利益观。这就是说，如果心中蕴藏着的是一种高尚的利益观，坚持“己所不欲，勿施于人”的为人处世原则，甚至能够把别人的苦乐视为自己的苦乐，那么，在一些特殊情况下，就会表现出一种人性善的举措；反之，如果心中隐藏着的是一种卑劣的利益观，坚持“人不为己，天诛地灭”的为人处世原则，甚至是把自己的快乐建立在别人的痛苦基础上，那么，在一些特殊情况下，就必然会表现出一种人性恶的举措。人性之所以善或之所以恶，这大概就是其秘密之所在吧！

这个分析说明，离开了现实的利益观，人性之所以善或之所以恶的道理，我们就很难说清楚了。这样，我们也就不会认为人性善恶这个问题有神秘感了。同样地，我们的人性修养也就有了明确的方向——培养高尚的利益观，排除卑劣的利益观。这是因为，高尚的利益观，必然会导致向善的方向发展的驱动力；相反地，卑劣的利益观，必然会导致向恶的方向发展的驱动力。

说到这里，我们再回过头来研究一下：艾森豪威尔做这个善举的动机究竟是什么呢？如果当时有人问他这个问题，他很可能会感到奇怪。这是因为，他在做这件事的时候，是那样自然，毫无做作之感（顺便说一句，作为欧洲盟军最高统帅，像这样的“小事情”，他当然没有必要故意做给别人看了）。就此，我们可以这样说，他做这件事，并不是为了达到什么具体目的。在他看来，如果不去救雪地里的两位老人，在良心上是说不过去的！或者说，在艾森豪威尔看来，凡是人都应该这样做。这就是他这种高尚利益观在人性中的升华带来的伟大驱动力。

所以，我们要把人性中那些至纯、至美、至善的因素维护和发扬起来，最根本的办法，就是不断提高自己利益观的层次，做一个利益观高尚的人；不言而喻，立善，就必须去恶，所以，还要努力驱除人性中那些歪、邪、恶等丑恶因素。必须把低层次的利益观提升为高层次的利益观，逐渐形成一种比较高尚的利益观，从而改变利益驱动力的方向。当然，人性中善恶观念的真正转变，那自然是灵魂深处的事情了。

（原载于《学习时报》2013 年 9 月 23 日）

## 六　个性的创造性意义

每当研究历史上那些杰出人物的时候，我们都会为他们的惊人业绩而感动不已，如外国的恺撒、拿破仑、林肯、丘吉尔、戴高乐、列宁、斯大林等，中国的则有孙中山、毛泽东、邓小平等。尽管人们对他们作出的历史评价不尽相同，但是，他们总是有说不完的个人故事，总是能够给人留下极其深刻的印象。为什么呢？当然，这与他们彪炳千秋的历史业绩分不开，但是，还有一个很重要的因素，就是他们都有着鲜明的个性，呈现在我们面前的，是活生生的人，因而具有强烈的个人魅力。这就是说，优秀的个性，对于人的智慧、能力及其发挥，都有着极为重要的价值。

什么是个性？通常认为，个性是人的一种心理现象，人的个性是通过其需要、动机、兴趣、理想、信念等表现出来的，而人的个性心理特性，则表现为不同的能力、气质、性格、风度等。所以，如果从人的心理倾向性上看，个性可以说就是每个人的独特性，即个人不同于他人的东西，或者说是个人品格的各个方面（智慧、能力、气质、品德等）的综合表现。人的个性是其自主性、能动性的一种表现形式。因此，有的心理学家认为，个性“是决定人的独特的行为和思想的个人内部的身心系统的动力组织”。

在现实生活中，我们发现，那些个性鲜明的人，往往会表现出一种独特的个人风格，在社会公众中产生深刻的影响。中国当代伟大的政治家中，不乏这样的例子。比如说，在毛泽东的文章里表现出的那种尖锐、泼辣、优美的文采，讲演中所显示的幽默、生动、妙趣横生的风度，尤其是他那气吞山河的气魄；周恩来那种温文尔雅，不卑不亢，举止适度而潇洒，热情洋溢而又稳健的大国领袖威仪；邓小平在政治问题上那种开门见山、直言不讳、直截了当的独特风格；等等，都显示了伟大政治家特有的魅力。对他们的历史功绩，我们尽管可以持各种不同观点，但是，他们那独特风格所显示出的无穷魅力，无论如何都是不能抹杀的。

概括说来，个性是作为个体的现实人所具有的独特性，或者说是作为主体的个人具有的一些特有的秉性。哲学家认为，个性与人的社会存在是联系在一起的。这就是说，个性不但能够体现出现实个人的生理差别和心理差别，而且更重要的，它是人作为社会主体的本质规定，而人的最高本质是自由，因此，个性是人类自由的具体实现形式。长期的人生阅历告诉我们，从肯定的意义上说，人的个性的本质是人对自由进行追求的一种表现形式，或者说，人的个性作为其自我意识，它的最深处就是人类最高贵的东西——自由。人们之所以珍惜个性解放、追求个性自由，是由个性的特殊价值决定的。

一般来说，人的个性是通过每个人的思维方式和行为选择方式反映出来的。一个有个性的人，他的思维方式和行为选择方式，常常是与众不同的。人的个性的这种特殊表现方式的实质是什么呢？是创造性，或者说是人的思维方式和行为选择方式的独创性、原创性。随着改革开放的日益深入发展，我们会越来越深刻地感受到，以具有鲜明个性特征的思想为基础的创造性，是人世间最宝贵的精神财富。

在认真研究历史上和现实中那些富于创造才能的人物时，我们常常可以发现，他们的个性不仅异于常人，而且特别丰富和复杂，甚至在他们的个性特征中还包含着某种矛盾的因素。但是，恰恰是这个原因，使这些人极富想象力，而正是丰富的想象力使他们焕发出了创造力；相反，那些所谓“稳妥”“周到”“循规蹈矩”的人，倒很可能是一些想象力贫乏的平庸之辈。对此，著名心理学家荣格曾经表达过极为深刻的见解，他说，具有创造个性的人，在思想和行为中表现出各种相互对立的特征，这种两极对立的特征，在具有极高创造才能的人的身上表现得尤为强烈。

还有一些学者的研究结果表明，不少具有创造性才能的人，他们的个性特征中不但有着异于常人的因素，而且自身中就包含着互相对立的因素。比如有些心理学家分析提出，那些有高度创造力的人，在其个性特征中，表现出下述一些特殊倾向：他们容易受到神秘难解的事物的吸引，好走极端，甚至表现出一种“accepts disorder”（对不合秩序的理解和接受），等等。

对人们的某些极端的个性，我们应该加以分析，而不能一概而论，在对待具有这样个性的人的时候，必须特别谨慎，千万注意，不要因为难以接受他们的特殊个性，而扼杀了难得的奇才！

一些专家对富于创造才能者的这种心理学分析，告诉了我们一个道理，即我们要保护这些有才能之士的创造性，就必须尊重他们的特殊个性。因为他们极高的创造性才能，恰恰就存在于他们极为复杂的个性之中。对这样的人多一分宽容，就会为社会保存一个天才！相反，如果硬是要他们“四平八稳”，与平庸之士“保持一致”，就范于社会“常规”，那么，这就无异于在扼杀天才！正是在这个意义上，我们完全可以得出结论——尊重个性就是保护创造性。

所以，在对待不同个性人才的问题上，我们所有人，特别是那些领导者，不仅要有高远的眼光，而且必须有博大的胸怀。

（原载于《学习时报》2013 年 6 月 10 日）

·第二题·

# 坚持彻底的唯物主义

马克思主义哲学的一个起码要求，就是切实坚持唯物主义原则，做彻底的唯物主义者。什么是唯物主义？恩格斯有一个精彩深刻的概括，他明确指出，与任何一种唯心主义观点相反，唯物主义的原则是“人们决心在理解现实世界（自然界和历史）时按照它本身在每一个不以先入为主的唯心主义怪想来对待它的人面前所呈现的那样来理解；他们决心毫不怜惜地抛弃一切同事实（从事实本身的联系而不是从幻想的联系来把握的事实）不相符合的唯心主义怪想。除此以外，唯物主义并没有别的意义”[①]。这就是说，我们所说的唯物主义，其本来意义，就是要求我们的思想、理论能够如实地反映客观事物的本来面目，如此而已。

其实，马克思主义哲学的这个唯物主义原则，并不复杂，在很多人那里，这应该是一个常识性的问题。中国共产党在总结中国 20 世纪 50 年代到 70 年代的历史教训过程中，对唯物主义的这个基本原则作了新的概括，即实事求是，一切从实际出发，坚持实践是检验真理的

① 《马克思恩格斯选集》第 4 卷，人民出版社 1995 年版，第 242 页。

唯一标准这个马克思主义思想路线。

我们如何做彻底的唯物主义者、坚持彻底的唯物主义？没有别的途径，唯一的途径就是老老实实坚持这个马克思主义思想路线。当然，真正坚持马克思主义哲学的唯物主义原则，并不是一件轻而易举的事情。因为我们面对的是一个多变的现实社会，同时，特别需要认真对待的是一个以利害关系为基础的复杂的精神世界。所以，坚持彻底的唯物主义原则，做一个彻底的唯物主义者，首先必须具有马克思主义哲学的理论修养基础，同时，还要有为真理而献身的高尚精神。

## 一　求真的哲学：真相与真理

对于大多数有良知的人来说，追求真理和为真理而奋斗，是一个崇高的人生价值目标。什么是真理？对于真正的唯物主义者来说，所谓认识的真理性问题，简单地表述，就是人的思想如实地反映客观世界的本来面目。据此，我们还可以说，作为人的一个认识成果，真理是以人们对事物的真相的揭示为前提的。所以，如果对事物真相还基本上不清楚，那么，认识的真理性问题，是无从谈起的。

其实，关于真相和真理的这个关系问题，并不是什么高深莫测的大道理。应该说，它是从人们的生活常识中引发出的普通道理。比如，如果对事物的真理性认识，必须以揭示事物的真相为前提，那么，真诚地追求真理的人，必然是一个坚持说真话的人。所谓说真话，就是在主观上要如实反映客观情况。当然，真话并不一定都是正确的话。这正如人们揭示了事物的真相本身，并不等于就获得了认识的真理性。二者是同样的道理。

我们这样说，并不是要否定说真话——揭示真相在认识真理过程中的价值，而是要恰当地肯定说真话——揭示真相的价值。事实上，揭示了真相，我们的认识仍然处在对事物现象的感知状态，并没有上升到理性阶段，还不能证明我们已经获得了真理性的认识。但是，说真话——揭示真相，与说假话、制造假象，这是绝不能相提并论的。因为我们如果还习惯于说假话，并且长期被假象蒙蔽着，我们离真理将越来越远；事实证明，坚持说真话，努力揭示真相，这是走向真理过程中具有决定性意义的一步。

生活经验告诉我们，缺乏说真话的诚意，拒绝揭示真相的人，是没有资格谈论追求真理这样的问题的。因为这样的人，永远迈不出走向真理的第一步。

许多人的经验教训说明，搞清楚事物的真相并不是轻而易举的事情。甚至可以这样说，能不能揭示事物的真相，或者进一步说，能不能充分揭示事物的真相，这是人们在走向真理的认识道路上常常遇到的一个障碍。因而，揭示事物的真相，是一个需要认真解决的难题。这是因为，在客观世界中，真相与假象常常是混淆着的，以致在人们观察事物的过程中，真假难分；在实际生活中，甚至可能出现真假颠倒的情况；有时候，真相与假象常常是并存着的——真中有假、假中有真，所以，这就更增加了人们分辨真假的难度。

在魅力无穷的自然界，许多自然现象复杂交错、变化无穷，往往使人眼花缭乱，因此，常常真假难辨。“风在雨头”，这是许多人信以为真的常识；但是，人们又说过，千万“不要听风就是雨”，这也是对的，尤其是在社会生活中，这句话就更显得深刻了。

在对人本身的认识上，如何看清一个人的真面目，就更是一个大难题了。这主要是因为人性极端复杂多变的本质特点。一位对罪犯进行过深入观察研究的专家说过，一些表面上看似乎是温文尔雅的人，实际上却是十恶不赦的恶魔。有一则西方的谚语说：人是什么？一半是天使，一半是野兽。在现实生活中，人究竟是天使还是野兽呢？这就取决于各种主客观因素的作用了。兽性压倒了人性，人就是野兽；人性压倒了兽性，人就是天使。当然，有的时候人性与兽性是集于一身的，使观察者善恶难辨。这就是说，真正认清人的本来面目，是一件很难的事情。所以，古人说，知人则哲，惟帝其难！

揭示事物真相的难度，除了认识上的原因之外，还有社会原因。与自然原因相比，社会原因的形成和作用机制就更加复杂了。我们都知道，在现实社会生活中，在一些重大问题上，特别是在一些人认为是利害相关的问题上，把问题的真相直白地宣示出来，并不是一件很简单的事情。人们为了揭示事物的真相，常常会遇到各种各样的阻碍或者刁难。有的时候，还要付出惨痛的代价。

在1959年的中共“庐山会议”上，彭德怀以共产党员的良知，毅然揭示了当时农村的一些真实情况，表达了他对继续搞“大跃进”的担忧。但是，他因此受到批判和不公正对待。不过，历史已经证明，关于“大跃进”问题的辩论，真理是在彭德怀这一边的。可见，在寻找真理过程中，为了充分地揭示出事情的真相，必须拿出勇气，甚至还要有一种个人牺牲精神。

以下的道理，人们是清楚的：在复杂的现代社会政治生活中，揭示真相，是要付出代价的。但是，另一个道理，人们更是清楚的：只有勇敢地、充分地揭示真相，我们才有可能真正站在真理一边。

在谈到揭示真相可能产生何种后果这个问题的时候，许多人都会想起《国王的新衣》童话中的那个情节：在观看国王显示自己新衣的游行大典上，当众人竞相赞美说国王的衣服是如何如何漂亮的时候，突然有一个小孩儿叫了起来：“可是他什么衣服也没有穿呀！”于是众人私下把那个小孩的话低声传播开来。国王似乎觉得众人说的话是真的，不过，他仍然装模作样地把游行大典进行完毕。但是，这个时候，国王已经开始发抖了。

这个童话几乎流传了上百年，可是每当提起，人们又会觉得颇有新意。其中的一个寓意是，有的人是害怕真相的，但是，真相毕竟会被揭露。真相之所以必然会被揭露，是因为，只要我们怀着一颗纯真的心，正视现实，那就应该认为说真话、揭示真相是理所当然的事情。这就是说，在一个正常的社会中，说真话、揭示真相，这是大多数人应有的良知。在这一点上，我们应该有一个基本的信念，即必须坚信人民大众的真诚，对人民的历史有信心。一个时期一部分人，可能会说假话、制造假象，但是，长时期里大多数人，是一定会说真话、一定会努力揭示真相的。因为，真相在人民的视野里，真理在人民的心中。

这个童话说明，揭示真相，成为认识真理的一个难题，这是不正常的现象；而通过揭示真相来达到认识真理的目的，这应该是正常的现象。所以，在一个社会中，如果说真话成为一件例外的事情，一旦说出真相就被认为是一件怪事，那就说明这个社会本身已经不正常了。

人们通过揭示事物的真相，进而认识真理，这个过程究竟能不能实现、能够在多大程度上实现，是什么因素起决定作用呢？人类认识史中的大量事实说明，这个决定性的因素，是认识主体即人的素质。概言之，这就是要如实地反映客观世界的本来面目，作为认识主体的人，首先应该是一个真实的自我。

不少人有这样的生活经验，爱照镜子，又害怕照镜子，为什么？因为谁都希望看到自己漂亮的面孔，但是，从镜子里看到的往往是自己那个有各种毛病的面孔。不过，照镜子虽然有时会令人烦恼，但是，镜子还是能够忠实地反映出人的真相，所以，人在镜子里看到的实际上是自己的真面孔。事实证明，如果人能够坦然地接受这个真相，那说明内心是真实的、纯洁的，是一个真实的自我。所谓真实的自我，就是能够老老实实地对待自己，正视自己本来面目。在这个意义上可以说，镜子是人的真朋友，这正如在现实生活中，只有诚恳地，并且毫不客气地指出你的毛病的人，才能说是你的忠实朋友。二者是同样的道理。

人生经验一再告诫我们，只有那些有勇气正视自己的人，才可能正视客观世界的真相。而只有正视客观世界的真相，才能够真正把握关于客观世界的真理。

完美的东西，并不一定是真实的；真实的东西，往往不一定是完美的。我们正是以自己纯洁的心灵，通过揭示这个不完美但却是真实的客观世界，一步一步走向真理的。这就是真实的自我、真相、真理这三者之间的逻辑关系。

我们知道，从揭示真相到把握真理，这是人追求真理过程中所必须经历的一个认识过程。但是，同时我们也知道，在人们探索真理的过程中，许多人都深深地感到，揭示事实的真相，是一个不易解答的难题。那么，究竟“难”在何处呢？这就是认识主体本身各种各样的精神束缚，比如某些人头脑中的教条主义，以及社会对揭示事实真相有意无意设置的一些障碍，等等。这样，人们实际上就会失去揭示事实真相的自由。

人类的认识史一再说明，探索真理，是一个自由的认识过程。这里的关键何在？这就是，如果没有基本的探索和认识的自由，对事实真相的揭示是不可能的。这就是说，人走向真理的过程，是人不断地摆脱各种各样束缚的一种思想探索过程。对此，我们可以进一步这样表达：人们通过揭示真相来把握真理，这是一个自由观察、自由思考、自由研究的认识过程。没有自由观察，就很难看到事物的真相。甚至可以这样说，没有自由观察，就很难揭示真相，起码不可能充分揭示事物的真相。当然，对于已经观察到了的事物真相，还要进行思考、研究等认识过程，才有可能在理性上把握真理。而这样的认识过程，必须是一种自由的探索。没有自由的探索，人们是无法获得真理的。

随着社会主义民主政治和法治的发展，我们正在走向一个开放的、透明的、真实的社会。同时，不必讳言，在我们的现实生活中，那些封闭的、神秘的、虚假的东西，有的时候还很盛行。所以，在揭示真相、走向真理的过程中，认真破除假象这个现实障碍，并非无的放矢。

在此，我们应该铭记一位哲人的箴言：如果你能揭穿这个世界的矫饰，那么，这个世界就是你的！

（原载于《学习时报》2015 年 5 月 18 日）

## 二　为什么说实践是检验真理的唯一标准

为什么说“实践是检验真理的唯一标准”？在今天的社会上，已经没有多少人把它当成一个问题了，但是，曾几何时，这几乎是一场思想斗争的产物。所谓“真理标准”的大讨论，是“文化大革命”结束后，伴随着改革开放开始阶段的思想斗争而开展起来的。这一次“实践是检验真理的唯一标准”的全党、全国范围的讨论，影响深远，至今余波犹在。在改革开放刚刚开始的时候，为什么会开展这样一个理论问题的讨论？这次讨论的问题的实质是什么呢？为什么至今人们仍然在研究这次理论讨论？这需要从头说起。

党的十一大宣布“文化大革命”结束，改革开放的高潮正在兴起，这是民心所向、大势所趋。但是，对于这样的社会变革，全党和全国上下的思想理论准备不足，特别是由于长期以来“左”的指导思想影响，人们的思想深受禁锢，改革开放步履维艰。这就需要一场思想解放运动。当然，解放思想这样的事情，并不是轻而易举的，需要冲破各种各样的思想理论束缚。

回过头来看一看，当时思想的阻力主要来自哪里呢？首先是当时中央领导人提出的所谓“两个凡是”口号，即 1977 年 2 月 7 日《人民日报》、《红旗》杂志、《解放军报》社论《学好文件抓住纲》提出的“凡是毛主席作出的决策，我们都坚决维护，凡是毛主席的指示，我们都始终不渝地遵循”。从我们今天的认识水平来看，这显然站不住脚。“两个凡是”严重地束缚着干部和群众的思想。所以，突破“两个凡是”，已经成为思想解放的前提。

那么，究竟怎样才能突破“两个凡是”呢？一个关键，就是明确地分清是非，搞清楚究竟什么是真理、什么是谬误。而要这样做，就必须确立检验真理的标准问题。什么是检验真理的标准呢？这对于具有基本理论素养的人来说，是马克思主义认识论的一个常识性的问题，即检验真理的标准，只能是人们的社会实践。现在的青年人会问：既然检验真理的标准问题是马克思主义认识论的一个常识，为什么还要搞全党、全国的大讨论呢？很显然，因为它针对着“两个凡是”，这就不是个简单的认识论问题了，而是涉及一部分人的利害关系了。因此，就使这个本来是认识论的常识性的问题，带有了尖锐的政治性质。于是，“检验真理标准”这个认识论问题的讨论变得越来越复杂，有的人竟然上纲上线，从而使那些经历过“文化大革命”的人，有点心有余悸。

比如，有的人问：难道对毛主席的决策和指示，也要用实践去检验吗？这不是要砍毛泽东思想的旗帜吗？很显然，这已经成为一个政治问题，而并不是个单纯的认识论问题了，这样，许多人就不敢去碰它了；但是，如果这个问题不解决，所谓“解放思想”也就可能成为一句空话，改革开放也就寸步难行了。所以，在检验真理的标准问题上，就必然会引起不同观点的尖锐争论。经过新中国成立后的马克思主义哲学教育，在这个基本的认识论问题上，大多数人自然是会有自己的正确看法的，再加上改革开放潮流越来越强大，于是，人们在“究竟什么是检验真理的唯一标准”这个问题上的态度，就越来越明朗了。

不过，政治问题解决了，还不能说理论上的问题就完全解决了。因为，对有些人来说，实践是检验真理的标准，这可以接受，但是，对“实践是检验真理的唯一标准”，就会提出一些疑问了：

难道“中央文件”（包括中央领导人的讲话）中的提法，不可以作为衡量我们言论对错的标准吗？是的，在一定的场合下，是可以这样做的，因为在一定的时期里，那些明显违背“中央文件”精神的言行，可以说是错误的。但是，从根本上说，并不是因为它们与“中央文件”中的提法不一致才说这些言行不正确，而是由于这些言行不符合客观实际。这就是说，“中央文件”中的提法，只能是衡量人们言行对错的参照物，而不是检验这些言行的正确性的标准；而且，说到底，“中央文件”中提法的对错，也还有一个被检验的问题。

难道“逻辑证明”的方法，不能检验我们言论的对错吗？是的，在一定的情况下，是可以这样做的，因为如果一个人的讲话、文章违背通常的逻辑规律，矛盾百出，那就不能说它是正确的。所以，逻辑证明也是检验我们言论对错的一种有效方法。但是，这样做的结果，只是从它是否符合逻辑这个角度来证明它的对错，至于其中的思想观点是不是符合客观实际，“逻辑证明”的方法就解决不了了。

那么，为什么只有实践才是检验真理的标准呢？因为实践是人的一种能动的活动，它具有直接的现实性，它能够使主观见于客观，使人的精神见于实际，把人的思想与客观现实联系起来，从而证明人的认识究竟是不是符合客观实际。这个作用，是其他任何方法都代替不了的。所以，我们说“实践是检验真理的唯一标准”。

陈云说过：“不唯书，不唯上，只唯实。”有些人对这句话不理解，认为有些绝对了。实际上，他这句话的本意是：不能把书上的话作为检验真理的唯一标准，也不能把上级领导人（包括中央文件）的话作为检验真理的唯一标准，而只能把实践作为检验真理的唯一标准。经历了时代风雨的考验，实践已经证明，“不唯书，不唯上，只唯实”，这是一个真理。

（原载于《学习时报》2012 年 11 月 26 日）

## 三 我们为什么会被假象蒙蔽

每天太阳早晨由东方升起，晚上落到西方。眼前的这个状况，使我们感到好像是太阳每天都围绕地球转一圈，可能这就是古人所说的“地球中心说”的根据了。但是，科学家对此表示怀疑，于是，他们总结了大量的实践经验，通过科学实验进行研究，终于得出了结论：真实的状况恰恰相反，不是太阳围绕地球旋转，而是地球围绕太阳旋转并且自转。于是，“太阳中心说”取代了“地球中心说”。

其实，我们每天看到的太阳东升、西落，从根本上说，这是一种假象。当然，假象也是一种现象，不过，它与一般的现象不同。在通常的情况下，事物的一定的现象，是以肯定的形式反映它的某种本质的；假象这种特殊的现象，虽然也反映事物的本质的一个方面、一种规定、一个环节，但是，它是以歪曲的、颠倒的形式来反映事物的某种本质的。这样，事物的假象，就会给我们正确认识事物的本质造成干扰，甚至会颠倒真理与谬误的关系，以假乱真，从而使我们受到蒙蔽。

不但在自然界有许多假象，在社会生活、政治生活中，也有不少假象，而这样的假象，许多是人为的。比如，1958 年“大跃进”年代，“浮夸风”一度极为严重，其突出的表现，就是一些地方像竞赛一样地比着放“高产卫星”。其中一个轰动全国的“典型”，是 1958 年 9 月 9 日，广西壮族自治区环江县放出了水稻丰产“特大卫星”——亩产数是 130434 斤 10 两 4 钱！这样的“高产卫星”，真是令人不可思议，但却是“事实”！当然，这是一个假象，是当地的干部为了自我表现，欺上瞒下，人为制造的假象。

那么，这个假象是怎么形成的呢？后来搞清楚了，这是在环江县县委主要领导人的“精心策划”下搞出来的：他们强迫干部、群众，把原来搞试验的一块一亩一分三厘试验田中的禾苗全部拔出来，然后再深耕，将成千上万担各种肥料堆入田中后，不分昼夜地动员社员、干部和中小学教师等近千人，从其他各个生产队的百多亩水稻田中挑选出长势最好、快成熟的稻禾，连根带泥拔出，挑到试验田中并蔸（dōu），密植到小孩在上面爬来爬去也掉不下来的程度。收割后，再用重复过秤的办法，最后就搞出了这样“天下最大”的“高产卫星”！

很显然，这样的“高产卫星”——假象，在当时造成了恶劣的影响，它使许多人，包括一些中央领导人都受了蒙蔽，以致“大跃进”的小资产阶级狂热性愈演愈烈，结果是事与愿违，给人民群众造成了极大的苦难。这个假象为什么会产生这样恶劣的影响呢？因为它掩盖了事实真相，歪曲了事物的本质，给人们造成了错觉。当然，假象也是一种现象，它也是事物某种本质的反映。“浮夸风”造成的假象，它所反映的本质是什么呢？当时之所以能够出现这样严重的弄虚作假恶性事件，说明指导思想上的“左”倾思潮泛滥，“人有多大胆，地有多大产”之类唯意志论，猖獗一时，流毒很深。这个教训是很深刻的。

经过几十年的实践，在克服“浮夸风”之类的问题上，在识别政治生活中各种假象的工作中，各级领导者的识别能力和认识水平都有了很大的提高。但是，在现实的政治生活中，在一些地区和单位，弄虚作假的现象，仍然屡见不鲜。所以，一个领导者要善于识别真相和假象，必须深入调查研究，实事求是，而且要时刻保持清醒的头脑。当然，由于社会政治生活的复杂性，假象不是靠就事论事就能识破的。经验教训告诉我们，揭露假象，正确认识本质，还需要一个重要条件，就是必须增强哲学的抽象思维能力。这是因为，事物的本质、事物的发展规律，并不是人们的感官能够直接看到的，必须通过人的抽象思维活动，以概念的形式，在理性上加以把握。可见，领导者具备一个哲学头脑，对于识破假象，不受蒙蔽，实在是太重要了。

当然，在大多数情况下，识破假象，不但需要哲学智慧，而且需要政治家的理论勇气，那就是在任何情况下，都要坚持唯物主义立场。什么是马克思主义哲学的唯物主义立场呢？这一点如前面引用的恩格斯的话所说："这就是说，人们决心在理解现实世界（自然界和历史）时按照它本身在每一个不以先入为主的唯心主义怪想来对待它的人面前所呈现的那样来理解；他们决心毫不怜惜地抛弃一切同事实（从事实本身的联系而不是从幻想的联系来把握的事实）不相符合的唯心主义怪想。"

在这里，恩格斯用哲学语言所表述的基本思想，就是要做一个彻底的唯物主义者，在任何条件下，都要按照事物的本来面目来认识事物，也就是必须坚持主观与客观的一致性。这样，我们才能排除各种假象的干扰，通过真实的现象去认识事物的本质。有人会说，"按照事物的本来面目来认识事物"，这不是很简单的事情吗？其实，无论是在自然界还是在社会中，特别是在复杂、多变的现实生活中，这都不是轻而易举的事情。诚如马克思当年在他的著作中说的那样，如果现象形态和事物的本质会直接合而为一,一切科学就都成为多余的了。

许多经验教训丰富的人也明白这样的道理，如果把通过现象认识本质的过程看得太简单，那就难免要被假象所蒙蔽。诚如一句格言所说：千万不要把你所看到的一切都认为是真的!

所以，一位彻底的唯物主义者，一位思想清醒的人，要敢于面对现实，善于识别真假，同时还要不厌其烦，刨根究底，层层深入，这样才能逐步接近对事物本质的认识。为什么对事物本质的认识会这样难呢?对此，列宁说得极为深刻，他认为，唯物辩证法的要素之一，即“人对事物、现象、过程等等的认识深化的无限过程，从现象到本质、从不甚深刻的本质到更深刻的本质”[①]。很显然，人的认识就是这样不断地深化的无限过程。这就是说，在现实生活中，特别是在复杂的情况下，揭露假象，是所谓走向彻底唯物主义的一条重要思想道路。

从人的认识过程的这个特点来看，假象或许有自己的特殊认识功能，它很可能是催生人的智慧的一个教师。诚如一句人生箴言所说：世界上如若没有虚假，就不会有怀疑；如若没有怀疑，就不会有探索；如若没有探索，也就不会有智慧、知识和天才。

（原载于《学习时报》2012年5月14日）

① 《列宁专题文集——论辩证唯物主义和历史唯物主义》，人民出版社2009年版，第140页。

## 四　做一个“真实的自我”

在通常情况下，我们每一个人的思想中，都存在着许多矛盾，这是由于已经接受的思想，与反映那些正在发生着的现实的新思想，常常产生矛盾，甚至形成了某些人思想实际上的二元状态。这样的情况，对人的思想发展具有严峻的考验价值。对此，人的质疑精神，则是使其能够正常存在的思想条件。因为，一个人，如果能够怀疑或者进行独立思考，就会对自己的已有思想，对与之相互矛盾的那些外来思想，作出自己的判断。这种精神活动本身，说明其在社会实践生活中是一种现实的思想存在，是一个思想主体。因为，人之所以为人，是因为人能够怀疑，能够思考，有自己的真实思想。进一步来说，一个思想主体，是一个真实的主体。那么，对于我们自己来说，我们能够怀疑，能够思考，这说明我们自己是真实的“自我”。看来，一个高贵的人，要有所作为的人，一定要成为一个“真实的自我”！

也许有人会问：难道还有一种“虚假的自我”吗？有的，那就是一些没有思想的人，准确地说，是那些没有自己的思想的人。他们毫无怀疑能力，总是以别人的思想为自己的思想，完全按照别人的指令去思考；诸如“领导讲话”“上级机关的文件”“报纸上的社论”等，就是他们判断自己想法正确与否的唯一标准。我们已经有过领教，这些似乎是“忠诚老实”的人，常常被一些邪恶政治势力所利用，甚至往往会成为那些错误政治运动的牺牲品！

中外政治发展史上的许多经验教训都一再告诫我们，作为社会领导人，在错综复杂的政治生活中，能够保持一个清醒的头脑，是十分重要的。而要保持清醒的头脑，关键在于成为一个有自己思想的人，根据自己对客观现实的观察，作出自己的判断；同时，每隔一定的时间，都要对自己的思想进行一次“无情的清理”——下决心抛弃那些自己一直坚信不疑的，但是已经被时代淘汰了的观念；下决心接受那些自己曾经反感的，但是已经被实践证明是正确的观念。总而言之，要用自己的眼睛去观察现实，用自己的头脑去思考问题，得出自己的结论。这就是“真实的自我”的本质特征。

真实的自我是与虚假的自我相对而言的，现实生活中虚假自我的存在，是探索真理和坚持真理的重大思想障碍。忠于真理，必须批判虚假的自我，切实成为真实的自我，这是当代社会人哲学修养面临的一个重大问题。

（原载于《伦理学研究》2021 年第 3 期）

## 五　谬误是走向真理的铺路石

因提出“相对论”而闻名于世的爱因斯坦，在他那个时代，俨然是科学界令人崇拜的最高学术权威。但是，当这位大科学家要进一步向前发展自己的理论的时候，由于基本粒子实验数据不足，他遇到了很多困难。在这个过程中，爱因斯坦曾经提出了几个理论假设，比如

“统一场论”等，都因为证据不足而宣告失败。为此，他曾公开向年轻后辈同行认错，表现出了虚怀若谷的大师风范。尽管如此，他仍然不断地修正自己的观点，总结经验教训，孜孜不倦地继续进行探索。这里要特别说明的是，爱因斯坦直到去世之前，一直在不屈不挠地进行科学实验，并且屡败屡试，常常是公开放弃错误观点，又提出新的观点，不断地达到更高的科学水平。虽然爱因斯坦的“相对论”理论体系最后没有达到尽善尽美的地步，但是，他仍然是一位名垂青史的科学伟人。他的一个伟大贡献，就是他勇于修正错误的那种顽强探索精神对人类科学发展所产生的深刻影响。

爱因斯坦的科学探索历程，极为生动地说明了这样一个道理：凡是人都会犯错误，就是再伟大的人物也不例外。记得有一位哲人说过，在这个世界上，只有两种人不会犯错误，一种是死人，一种是没有生下来的人。可见，每一个人都会犯这样或那样的错误，而从来就没有不犯错误的人。但是，我们又必须承认这样一个事实，即每个人都应追求真理，而且，一切刻苦认真学习的人，他们或多或少都获得了具有真理性的认识。这就是说，每个人的头脑中，谬误与真理常常是并存着的，在漫长的人生实践中，人们在不断地犯错误，同时又不断地获得真理。人总是在这样矛盾的状态下生活着，就像有人形象地说过，真理与谬误是一对孪生姊妹，她们相伴而生，却此消彼长。正因为这样，人们才能在认识真理的探索中不断地进步。

在人类对真理的探索过程中，真理与谬误之间的这种“不离不弃”的关系，说明在人的认识中，谬误是不可避免的。一个人的高明，不在于他没犯过错误，而在于他在犯了错误之后，能够比较快地、比较自觉地改正错误，而且正是在改正错误的过程中，使自己获得新的认识，从而在真理的道路上又向前迈进一步。这一点，正如德国哲学家狄慈根所说的，谬误是通向真理之路上的一块铺路石。人类认识真理的历程难道不是如此吗？

这个现象说明，人们在追求真理的过程中犯错误之所以不可避免，是因为它反映的是真理探索中一个认识论的规律，这个规律的实质，是人类对客观事物真理性的认识过程具有曲折性和反复性。而对真理认识过程的这种曲折性和反复性，既有认识主体本身的主观原因，也有各种各样的客观原因。主观原因是人们对客观事物认识的局限性经常导致错误的认识；但是，每个人正是在不断克服自己认识上局限性的过程中，使自己的认识越来越正确。这就是说，人们都是在改正错误的过程中日益接近真理，并且，对整个人类来说，这样的认识过程是永远不会完结的。

人的认识之所以发生错误、出现曲折和反复，客观原因是社会上一些守旧势力及其代表人物常常为了自己的既得利益而自觉或不自觉地阻挡新见解的出现，以各种方式打击传播真理的人们。这样，人要认识事物的真理性，就必须不断地冲破这些反动社会势力的种种阻碍，而使正确观点得以彰显。

错误或者谬误本身，之所以成为人们认识真理过程中不可缺少的条件，是由错误在认识过程中的地位和价值决定的。在一定意义上可以说，对客观事物的错误认识，是人们整个认识过程中必然的环节。

因为人对客观事物的认识，总是要由比较片面到比较全面，由比较肤浅到比较深刻，即由现象到本质。这个过程本身，就包括了由认识上的错误比较多，到错误比较少，以至于达到认识上的基本正确。可以看出，人不经过错误的认识阶段，不可能达到比较正确或者基本正确的认识阶段。所以，我们还可以进一步说，没有犯过错误的人，是不可能一下子就变成完全正确的。

在人的认识过程中，一些认识结果之所以被某些人认为是谬误，其中的一部分原因，是人的认识的局限性；还有一部分原因，是某些人由于透过利益棱镜的折射，产生了认识上或者政治上的偏见，而无意或者有意地颠倒了正确与错误的关系。在这样的情况下，那些新的观点，往往被一些人视为异端邪说。所以，要克服认识局限性造成的是非颠倒，主要应该经过反复的实践，实践的结果，将能够逐渐把颠倒了的是非再颠倒过来；而要纠正社会原因或者政治原因造成的是非颠倒，就要经过社会政治改革，通过改变人们的利益格局、理顺人们的利益关系，克服由此所造成的认识偏见，来把颠倒了的是非再颠倒过来。这时，人们就会发现，错误转化成了真理。错误与正确的这种转化，也是人认识真理过程中的一个重要规律。

在现实生活中，人们会犯各种各样的错误。这是正常现象，因为它符合人的认识规律。但是，我们看到有些领导者，甚至包括一些大政治家，为了维护自己的领导威信，常常标榜自己是“一贯正确”或者“绝对正确”的，其实，这是一种愚蠢之举。历史已经说明，聪明的领导人不是不犯错误，而是能够坦诚地对待错误，痛快地改正错误。

他们这样做的结果，不是降低了威信，而是提高了威信。英国思想家利斯特这样说过："我能想象到的人的最高尚行为，除了传播真理之外，就是公开放弃错误。"

（原载于《学习时报》2012年11月5日）

## 六　追求真理需要有献身精神

关于创作的甘苦，人们都会记得这样一些名句。

孔子的一句名言是："朝闻道，夕死可矣。"

诗人贾岛的名句是："两句三年得，一吟双泪流。"

曹雪芹叙述创作《红楼梦》过程"披阅十载，增删五次"那种情形时，留下了这样的诗句："满纸荒唐言，一把辛酸泪！都云作者痴，谁解其中味？"

这些都是对文学艺术或者学术创造过程中那种艰辛情况的描述。从这里，我们可以看出，为了探索真知灼见，并求得一种完美的表达形式，需要付出多么大的代价啊！可以看出，古今文坛上那些杰作，都是作者心血的结晶。

如果我们认真研究一下人类文明的发展史，就会发现，大量的史料能够清楚生动地告诉我们一个真理：文明发展中的每一个重要进步，都是那些杰出人士个人献身精神的体现。

如果再简单回顾一下那些冲破中世纪黑暗，为追求真理而献身的科学勇士的惨烈经历，在这个问题上，我们会受到更深刻的教育。

十五六世纪的欧洲，宗教势力为了巩固神权统治秩序，推崇古希腊天文学家托勒密的“地球中心说”，天主教会的宗教裁判所不惜用恐怖的暴力对付一切敢于提出异议的人们。1327 年，意大利天文学家采科·达斯科里被活活烧死，他只不过说地球是球状的，在另一个半球上也有人类居住，却因违背《圣经》的教义惨遭迫害。16 世纪，波兰科学家哥白尼完成了他的巨著《天体运行论》，提出了“日心说”，世人称之为“哥白尼革命”，但是他因为害怕教会迫害，到了古稀之年才决定出版此书，直到他逝世的那一天，才收到出版商给他寄来的书。1600 年 2 月 17 日，意大利哲学家布鲁诺在罗马百花广场被活活烧死，因为他到处宣传哥白尼的学说，对教会构成了直接的威胁——动摇了地球中心说。

意大利文艺复兴后期伟大的天文学家伽利略，被誉为“近代科学之父”。恩格斯称他“不管有何等障碍，都能不顾一切而打破旧说，创立新说”。他是哥白尼学说的坚定支持者。伽利略通过自己的观测和研究，逐渐认识到哥白尼的学说是正确的，而托勒密的地球中心说是错误的。由此，他晚年受到教会迫害，并被终身监禁。但是，伽利略即使在双目失明的情况下，依然没有放弃自己的科学研究工作。伽利略在 78 岁离开人世的前夕，还在重复着这样一句话：“追求科学需要特殊的勇气。”可是，令人啼笑皆非的是，300 多年后的 1979 年 11 月，罗马教皇在世界主教会议上提出要为伽利略“平反”！

这就意味着，在一些重大的自然科学或者社会科学问题上的探索，要取得革命性的贡献，不但要付出一定的代价，而且往往还要作出个人的牺牲。人类的文明已经发展到了今天，但是，要在一些重大自然科学或者社会科学上取得革命性的突破，仍然需要一部分人以牺牲个人幸福和生命为代价。在任何时代的革命性变革中，那些敢于挑战过时理论而提出新思想的人，常常成为革命的殉道者。这也可能是人类走向真理之路要付出的高昂代价。

为什么在追求真理的历程中，人类要付出这样高昂的代价呢？这自然是由真理的本性与价值决定的。真理是对客观现实事物本来面目的正确反映，也就是一种实事求是的态度，按照常理来说，大多数正直的人，是会欢迎的，因为这符合他们的利益；但是，对有些人来说，为了维护自己的既得利益，他们害怕变革，因此也就把那些反映旧体制的旧观念作为自己的护身符，抓住不放，用来反对支持变革的新观念，甚至不惜采取各种手段打击、迫害坚持真理的改革派。这样，如果要坚持正确观点、反对错误观点，就要有一定的自我牺牲精神。如果我们回忆一下每次社会改革初期那些先进人物的遭遇，对这一点不就很清楚了吗？

当然，我们还应该承认一个事实：在社会大变革的非常时期，分清“真理”与“谬误”，明确地坚持真理、反对谬误，是有相当大的认识难度的。这是由于，这个时期的各种社会思潮互相混淆，甚至是非颠倒，于是，人们往往可能会把谬误说成是“真理”，把真理说成是“谬误”。特别是不同社会集团的利益博弈，造成真理（或者谬误）、权力、利益这几个因素交织在一起，使得真理与谬误的界限更加混淆不清。在这样的情况下，要坚持真理、反对谬误，不但要有哲学认识论的智慧，而且要有自觉推进社会改革的勇气，甚至还要有献身精神。所以，对真理的追求，不仅要有很高的哲学认识水平，还要有相当崇高的政治道德水平。

这种特殊的社会时期，对各级领导者提出了更加严格的要求。这就是，那些明智的人必须坚定地站在社会改革的立场上，全力支持改革事业，他们必须保持清醒的头脑，是非分明，坚持真理。当然，在这种情况下，有时候是要付出代价的，甚至可能会有一定的个人牺牲。但是，最终，历史会作出实事求是的评价。反之，一个人如果对改革事业患得患失，那么，他在大是大非面前，就会表现得畏首畏尾，甚至在错误思潮面前随声附和，最后，必然站到社会发展潮流的对立面而得到应有的惩罚。这也是其坚持错误、反对真理所要付出的高昂代价吧!

（原载于《学习时报》2012 年 11 月 29 日）

· 第三题 ·

# 让辩证法使我们的思想充满活力

## ——把思想从形而上学的桎梏中解放出来

随着时代的发展，特别是自然科学的新发现，人类的思维水平和认识能力，获得了空前的提高和增强。其中的重要思想成果，就是辩证法的进一步完善。在世界近代哲学思想史上，黑格尔唯心主义哲学中的辩证法，标志着辩证法发展的一个思想高峰。恩格斯充分肯定地指出，由黑格尔的体系所完成的近代德国哲学，“它的最大的功绩，就是恢复了辩证法这一最高的思维形式”。在黑格尔体系中，黑格尔“第一次——这是他的伟大功绩——把整个自然的、历史的和精神的世界描写为一个过程，即把它描写为处在不断的运动、变化、转变和发展中，并企图揭示这种运动和发展的内在联系”①。

马克思、恩格斯的辩证法，是“马克思主义的灵魂”，与他们的整个哲学一样，是方法而不是教条，因为，“辩证法不过是关于自然、人类社会和思维的运动和发展的普遍规律的科学”②。同时，他们强调了这样的思想，即辩证法是自然、社会发展中一种历史的、普遍联系的学说。关于这个问题，恩格斯论述说：“辩证法在考察事物及其在观念

① 《马克思恩格斯选集》第3卷，人民出版社1995年版，第358、362页。
② 《马克思恩格斯选集》第3卷，人民出版社1995年版，第484页。

上的反映时，本质上是从它们的联系、它们的联结、它们的运动、它们的产生和消逝方面去考察的。自然界是检验辩证法的试金石，而且我们必须说，现代自然科学为这种检验提供了极其丰富的、与日俱增的材料，并从而证明了，自然界的一切归根到底是辩证地而不是形而上学地运行的；自然界不是循着一个永远一样的不断重复的圆圈运动，而是经历着实在的历史……因此，要精确地描绘宇宙、宇宙的发展和人类的发展，以及这种发展在人们头脑中的反映，就只有用辩证的方法，只有不断地注意生成和消逝之间、前进的变化和后退的变化之间的普遍相互作用才能做到。”[①]

关于辩证法的精髓问题，马克思、恩格斯一直认为，就是关于事物的内在矛盾的学说，即对立统一规律。对此，马克思写道：“这个正题、这个与自己相对立的思想就会分为两个互相矛盾的思想，即肯定和否定，‘是’和‘否’。这两个包含在反题中的对抗因素的斗争，形成辩证运动。”马克思还写道：“两个相互矛盾方面的共存、斗争以及融合成一个新范畴，就是辩证运动。谁要给自己提出消除坏的方面的问题，就是立即切断了辩证运动。”[②]列宁和毛泽东在总结革命经验的哲学著作中，对辩证法的这个精髓问题，都进行了理论上的进一步阐明，使辩证法在理论上更加向前发展了。

那么，辩证法的本质是什么呢？这就是马克思的那个著名的经典论述：“辩证法在对现存事物的肯定的理解中同时包含对现存事物的否

① 《马克思恩格斯全集》第 25 卷，人民出版社 2001 年版，第 389 页。
② 《马克思恩格斯选集》第 1 卷，人民出版社 2009 年版，第 140、144 页。

定的理解，即对现存事物的必然灭亡的理解；辩证法对每一种既成的形式都是从不断的运动中，因而也是从它的暂时性方面去理解；辩证法不崇拜任何东西，按其本质来说，它是批判的和革命的。”[①] 正是辩证法这个批判的和革命的本质，使我们在实践中使自己的思想日益充满活力。

## 一 打破形而上学的思维桎梏

辩证法与形而上学在本质上是对立的，所以，学习和运用辩证法的思维方法，就是为了不断地克服形而上学的思维方法。长期以来的经验教训告诉我们，要提高辩证法的思维方法水平，就必须不断地克服形而上学思维方法的影响——打破形而上学的思维桎梏。什么是形而上学的思维方法？形而上学思维方法的本质特征是什么？这里，我们先从一段历史说起。

记得在“文化大革命”后期，有些人违背“百花齐放、百家争鸣”方针，用极左的观点评价文艺作品，把本来是很受群众欢迎的影片如《创业》等硬说成是“大毒草”。为了调整党的文艺方针，毛泽东曾经尖锐地批评这些人，说他们“形而上学猖獗”。实际上，形而上学的思维方法，在日常生活中也是常见的，比如说，我们有时候对某些人的

① 《马克思恩格斯选集》第 2 卷，人民出版社 1995 年版，第 112 页。

言论或者做法会评价说“此人的思想方法形而上学严重”，等等。那么，这里所说的形而上学的思维方法，为什么是有害的呢？

人们对作为一个哲学概念的“形而上学”（metaphysics）这个词的运用，已经有悠久的历史了。但是，在不同的时代、不同的文献中，这个词的含义却不尽一致。古希腊哲学家亚里士多德的一部著作，就是以《形而上学》为题目出版的，原来，在这部手稿中，亚里士多德是要论述他的“第一哲学”，即关于宇宙根本原理的学说。所以，“形而上学”也就是“第一哲学”，或者说，“形而上学”就是“哲学”。中文译名“形而上学”这个词，是根据《易经》中“形而上者谓之道，形而下者谓之器”一语，由日本人（明治时期）井上哲次郎翻译而来。这个“形而上之学”，也就是“哲学”。

形而上学概念的这个用法，在现代的学术文献中经常见到；但是，在哲学思想的发展过程中，形而上学概念原来的含义逐渐改变了。比如，在近代以来的哲学著作中，特别是在马克思主义的哲学著作中，形而上学概念的含义与上面所说的已经不同了，它经常是作为与辩证法相对立的概念来使用的。所以，这一点，我们首先要说清楚，以免引起误解。

那么，在近代哲学中，特别是在马克思主义哲学中，什么是形而上学呢？恩格斯在谈到德国古典哲学的时候说，在自然科学早期研究中，产生了一种旧的研究方法和思维方法，其基本特征，主要是把事物当作一成不变的东西去研究，黑格尔称为“形而上学”的方法。这就是说，形而上学的这种思维方法，不是从事物的发展变化中去研究它，不是把事物作为一种过程去研究它，不是在各种事物的联系中去研究它，而是用孤立的、静止的、片面的观点去看世界。这样，就形成了形而上学思维方法的基本特点，即思维方法的绝对化。这样，形而上学思维方式就成了遏制人类思想发展的桎梏。

由于形而上学思维方法否认了事物的发展，看不到事物本身的变化，这就形成了人的认识的绝对化特点。这种绝对化的认识方法的一个典型例子，就是对世界上究竟是先有鸡还是先有蛋这个古老难题的回答。按照形而上学的思维方法，答案只能是：先有鸡或者是先有蛋，绝不能有第三种答案！这样，人们就必然跳不出非此即彼的思维怪圈——是就是，非就非，除此之外，都是鬼话！

实际上，在生物界漫长的进化过程中，现在的鸡，并不是从来就这样，而是逐渐变成这样的，现在的蛋，也不是从来就如此，而是慢慢成为这样的。由此追溯到远古时代，生物形成的时期，原始状态的"鸡"和"蛋"就很难分得清了——那个时候的"鸡"和"蛋"，很可能并不是一种非此即彼的状况。这样，在回答"先有鸡还是先有蛋"这个难题时，我们就能够跳出那个非此即彼的思维怪圈了。

在我们现实的认识过程中，各种各样孤立的观点、静止的观点、片面的观点，都是形而上学认识方法绝对化的表现形式。所谓绝对化思维方法的要害是什么呢？就是否认事物发展过程中存在着矛盾，即不承认事物内部是对立统一的。比如说，在坚持形而上学认识方法的人看来，现实生活里面的善与恶、真理与谬误、必然与偶然等，都是绝对对立的，它们之间的矛盾无法克服。其实，这就是把这些范畴的界限绝对化了，陷入了一种非此即彼的思维怪圈。以真理与谬误为例，它们各自本身都存在着矛盾——真理之中有谬误，谬误之中有真理，它们的差别是相对的，而不是绝对的。善与恶也是如此，试想一下，天下有绝对的善或者绝对的恶吗？不要说人们的言行中，总是善中有恶，恶中有善，而且随着时代的变迁，那些曾被认为是善的变成了恶的，反之，那些曾被认为是恶的变成了善的。对现代人来说，这已经不是什么奇怪的事情了。

经历过改革开放风雨洗礼的人们，都会颇有感触地回忆起当年对改革事业发展最大的障碍之一就是思想僵化。所谓“思想僵化”，也就是一种形而上学绝对化的思维方法。在这样的思想状态下，不少人对于诸如市场经济与计划经济、资本主义与社会主义、民营经济与公有制经济等关系的问题，常常是陷入非此即彼的思维怪圈中去，而不能自拔。这种思想僵化的毛病，对于领导同志来说，必然会在改革开放事业上畏首畏尾，缩手缩脚，甚至还会拖改革开放的后腿！

改革开放的实践已经给我们上了极为深刻的一课：要大步前进，就必须不断地解放思想，而解放思想本身，就是不断地打破形而上学思维桎梏的过程。

（原载于《学习时报》2013 年 2 月 25 日）

## 二　让辩证法激发我们的思想活力

辩证法，就它的形成历史来说，与形而上学是同样古老的概念。“辩证法”（bialectic）这一用语来自希腊文，原意是“谈话”或“演讲”，在苏格拉底那里，是指一种回答式的论争方法，相当于“争论术”。后来，这个概念又经历了一些历史变化。18世纪德国哲学家康德曾经认为，辩证法是一种“先验”的论证方法，所以，它是类似于诡辩的一种哲学方法。黑格尔则肯定了辩证法的这种思维方法，他认为，辩证法是思想通过矛盾和矛盾的调和而发展的逻辑形式，其完整的形态是正题、反题和合题。马克思、恩格斯吸取了黑格尔唯心主义辩证法的合理内核，在总结自然科学最新成果的基础上，创立了唯物主义辩证法，使辩证法具有了科学形态。

恩格斯认为，当自然科学发展到一定阶段的时候，特别是三大发现产生后，把事物作为既成的东西来研究的那种旧形而上学的方法，已经不适用了。于是，“一个伟大的基本思想”形成了，这就是认为世界不是既成事物的集合体，而是过程的集合体。同样地，反映事物发展过程的概念，也是处在生成和灭亡的不断变化过程中。这样，旧形而上学所不能克服的对立，诸如真理与谬误、善与恶、同一与差别、必然与偶然等所谓“二律背反”，也就可以迎刃而解了。

这里所说的“二律背反”，最典型的是康德的四种“二律背反”。第一种二律背反：正题——世界在时间和空间上，都是有限的；反题——世界在时间和空间上，都是无限的。第二种二律背反：正题——世界上的一切事物都是单纯的；反题——世界上没有任何单纯的事物。第三种二律背反：正题——世界上不是所有的事物都遵循因果性规律的；反题——世界上任何事物都是按照自然规律而发生的。第四种二律背反：正题——世界上有一个绝对必然的存在，成为世界的原因；反题——世界上没有一个绝对必然的存在，来作为世界的原因。康德认为，其中的每一个正题和反题，用他的方法都能够证明是正确的。这样，人的认识就会陷入不可解决的矛盾之中。

黑格尔认为，运用他所说的辩证法这种思维方法，就可以解决这个“二律背反”。然而，这就必须承认一个事实，即在每一个命题的内部都存在着矛盾。这就是说，世界既是有限的又是无限的，既是单纯的又是复杂的，既是必然的又是自由的，既是绝对的又是相对的，如此等等。这样看来，康德的“二律背反”，就其本身来说，是个形而上学的命题。因为，康德不承认每一个命题有着内在的矛盾，所以，他就把人的认识引导到一个形而上学的思维怪圈中去了。当然，这里所说的“命题内在的矛盾”，在唯物辩证法看来，不过是客观世界的矛盾在人的观念中的反映而已。

说到这里，我们就能够进一步看清楚问题的实质了，即人们的思维方法，究竟是形而上学的还是辩证法的，关键是对事物以及观念中是不是有矛盾的看法问题。在马克思主义哲学中，辩证法与形而上学是两种根本对立的思维方法。如果说形而上学的核心问题，是否认事物本身存在着矛盾，那么，辩证法就是肯定事物自身内部存在着矛盾，并且是矛盾推动着事物的前进运动。这就是说，承认还是不承认事物自身的矛盾，这是辩证法与形而上学两种思维方法的根本对立。

正是基于这样的观点，列宁对辩证法的内涵作了一个经典概括，他提出，“可以把辩证法简要地规定为关于对立面的统一的学说。这样就会抓住辩证法的核心”。由此看来，马克思主义的辩证法，就是“关于对立面的统一的学说”，就是关于事物内部矛盾的学说。而事物内部的矛盾，又决定了事物发展的根本动力——事物的“自己运动”，决定了事物发展的基本规律——事物的发展是否定之否定的螺旋式上升运动，等等。但是，无论如何，都不要忘了事物内部矛盾这个核心问题，否则，我们就不会明白什么是辩证法，而且会又陷入形而上学思维的怪圈中去。在理论上是这样，在实际工作中也是这样。

维护社会的稳定，对于建设社会主义和谐社会，是具有战略意义的任务。所以，排除各种不利于社会稳定和谐发展的消极因素，密切注视有害于社会稳定的动向，这对每个领导者来说是责无旁贷的事情。但是，在维护稳定的工作中，不但要坚决执行中央的正确方针，而且也要有一个科学的思想方法。事实证明，这并不是可有可无的事情。这方面的一个关键，是我们对社会稳定本身的看法是不是能够克服形而上学的思想方法以及坚持唯物辩证法的思想方法。

有些人，一提到“社会稳定”，就持一种绝对化的观念，认为稳定就是没有任何矛盾，有矛盾就是不稳定。于是，就陷入“社会稳定”

与“社会矛盾”的“二律背反”中去了。所以，一旦发现有人对政府提不同意见，或者反对政府的某些政策，或者有人上访、告状，他们就惊慌失措，不惜采取堵、压等所谓的“维稳”措施。可想而知，这样的做法往往是适得其反的，结果是越堵、压越乱，而且有的时候还会激化矛盾，搞得不可收拾。

多年来的经验教训说明，在社会主义社会中，维护社会稳定的可靠方法之一就是用民主的方法。实行民主的方法的一个前提，就是承认现实社会中存在着矛盾。民主方法的最大优点，就是把矛盾公开出来，靠人民群众与政府的共同努力去正确解决这些矛盾，促进社会前进到更高的水平，达到高层次的稳定。事实证明，这种承认矛盾、解决矛盾的民主方法，在动态中维护了社会稳定，又发挥了各个方面的主动性、积极性，因而会使社会在走向稳定的过程中，更加充满生机和活力。这个事实证明，民主方法，是一种充满辩证法的政治智慧，它同样能激发出我们的思想活力。

（原载于《学习时报》2013 年 4 月 8 日）

## 三　跳出圈子想问题

许多人都曾经有过这样的体会：在我们解决一个难题的开始阶段，总是觉得办法太少，找不到比较合适的解决方案，但是，如果回头再想想，就会突然发现，实际上是自己给自己画了一个跳不出去的圈子，即通常人们所说的“画地为牢”，自己限制了自己的眼界和认识。

但是，那些聪明人就不受这样的限制了，比如《庄子》中记载了一个故事：

古时候宋国有一个人家，会做防冻裂药，他们世世代代在河上漂洗丝絮，就是靠这种药保护自己的手，根本没有想到它还有别的用处。有一位游客听说此事后，用百金的高价买下这个药方，然后去游说吴王。正在此时，越王向吴国发难，于是吴王派他统率军队迎战，冬天两军交战，此药保护了吴国士兵手脚不被冻裂，结果吴国大败越国，于是，吴王割地封赏了他。你看，同样的药方，有人只是用来保护自己，而有人却用它取得了封赏。可见，由于人们的眼界不同，用处的大小、获得的好处竟然如此不同。

在现代的社会生活和政治生活中，又何尝没有这样的情形呢？比如，有的领导者在解决某个问题的时候，也有过这样的毛病，他们往往把眼界放在自己能够看得到的地方，或者是在自己管辖的范围内去寻找解决方案，结果是苦于办法太少。为什么会有这样的结果呢？因为他们实际上也是自己给自己画了一个逃不出去的圈子。在这方面，一些大政治家总是比一般人要高明的，比如，毛泽东就说过，要站得高，才能看得远，“无限风光在险峰”。

所谓“圈子”，即人的认识的一个封闭系统。人类社会的发展，极大地扩大了人的认识视野，使人急剧地突破了原有的认识范围。所以，人类要真正寻求真理，必须开辟出更广阔的认识天地，打破各种各样的认识“圈子”——要“跳出圈子想问题”！

“跳出圈子想问题”，这的确是个重要的思维方式，那么，这样的思维方式的本质特点是什么呢？其中的一个主要特点，就是它的开放性。实际上，这种开放的思维方式，其理论基础就是马克思主义，马克思主义就是一种开放的思想体系。列宁说，人类文明史已经表明，“马克思主义同‘宗派主义’毫无相似之处，它绝不是离开世界文明发展大道而产生的一种故步自封、僵化不变的学说”。所以，“跳出圈子想问题”这种开放性的思维方式，与各种各样的宗派主义、僵化封闭的思维方式是格格不入的，因为在本质上，马克思主义是当代世界文明发展基本趋势的反映，而我们所生活的社会是一个开放的社会，我们所生活的世界是一个开放的世界。所以，在当今社会中，如果把自己封闭起来，而又要求发展，那无异于缘木求鱼！

现代中国的各级领导者，要把我们的经济、政治发展推向更高水平，立足于世界民族之林，就必须痛下决心，改造自己的思维方式——从封闭走向开放。那么，就经济、政治的发展模式而言，怎样才能真正形成我们开放性质的思维方式——从各种各样的思维“圈子”跳出来呢？

首先，要坚定不移地发展社会主义市场经济，把开放的经济体制与开放的思维方式统一起来。在人类的经济发展史上，自然经济、计划经济、市场经济都各有自己的历史价值，但是，比较起来看，市场经济是弊病比较少而长处比较多的一种经济体制。市场经济的突出特点之一，是它的完全开放性。所以，要从自然经济、计划经济真正转变为现代市场经济，一个思想前提，就是必须打破封闭的思维方式，形成彻底的开放性思维方式。这就是说，要运用市场经济的方式来强国富民，就要从一个地区的“圈子”跳出来，甚至要从国内的“圈子”跳出来，在全世界的大市场范围里来考虑问题。否则，封闭在自己的小“圈子”里，是根本无法发展市场经济的。这就是说，在一个明智的领导者那里，开放的思维方式与市场经济体制，是密切联系在一起的。

其次，要坚定不移地发展社会主义民主政治，把开放的政治体制与开放的思维方式统一起来。在当今的世界上，比较而言，民主是弊病比较少而长处比较多的一种政治体制，它的一个突出优点，是具有比较鲜明的开放性质，权力在阳光下运行，自觉地接受广泛的社会监督；而各种各样的集权政治体制的一个严重弊病，是其封闭性质，大事小事决定于领导集团内部，许多事情是“暗箱操作”，其声称是自我监督，实际上是以各种各样的遁词来拒绝社会监督，因而，集权政治，是滋生腐败的土壤。所以，在现代社会的政治生活中，对于领导者来说，开放的思维方式与民主政治意识是互为条件的；阳光政治，是各种腐败的杀菌剂。

（原载于《学习时报》2012 年 5 月 21 日）

## 四　如何正视“敌对观点”的特殊价值

那些经验丰富的领导者，都明白这样的道理：“反对意见”在促进思考、纠正错误、增强其思维能力上，有着特殊的价值。这里，我们要研究的是“反对意见”中的一种特殊类型，即敌人的反对意见，也即“敌对观点”的特殊价值问题。我们究竟应该怎样对待敌人的反对观点呢？一提起这个问题，人们很快就会想起毛泽东的那句名言：“凡是敌人反对的，我们就要拥护；凡是敌人拥护的，我们就要反对。”需要知道，毛泽东 1939 年 9 月说这句话的时候，是有历史背景和特定政治环境的，他说的“敌人”，是指抗日战争时期，投降日本侵略者的汉奸汪精卫及其卖国主张。可见，毛泽东当时说的“敌人反对的”“敌人拥护的”，都是有具体特定内容的，不是泛泛而论，因此，不能作形而上学的理解。

但是，后来有的人由于受极左思潮的影响，或者出于某种政治需要，把这句话当作“金科玉律”，就与当时的本来意义背道而驰了。那么，今天，我们究竟应该如何理解毛泽东的那句名言呢？这自然是需要认真分析的。这里的关键，是我们对“敌人”和“敌对观点”这类概念的实际价值应该如何认识的问题。

从一般的政治学术语来看，所谓“敌人”，即与我们在政治上或者思想理论上是势不两立的，甚至可以说是“你死我活”的关系。至于“敌人的反对观点”，即“敌对观点”，性质也应该是如此。所以，一说到“敌对观点”，许多人很快就会意识到“这是个政治问题”，而一提到政治问题，人们立即就会警觉起来，这可是需要认真对待并且要态度鲜明的事情了。出现这样的情况并不奇怪，这是我国长期以来特殊政治思维方式的产物。在这种情况下，把“凡是敌人反对的，我们就要拥护；凡是敌人拥护的，我们就要反对”奉为信条，就成为当年的正常现象了。

但是，正如丘吉尔所说，在世界上没有永远的敌人，也没有永远的朋友，只有永远的利益，我们自己的人生阅历也说明了这个道理。岁月沧桑，有些昔日的敌人，如今与我们有了正常的交往，至于当年的那些朋友，许多人已经面目全非了；更重要的是，由于利害关系的变化，大家对当年的那些“敌对观点”，也能够比较客观地评价了。在这样的情况下，研究“敌对观点”的价值问题，就可能是一件有益的事情。不过，这里的一个关键，是要克服形而上学的极端思维方式，善于运用辩证法的思维方式。

在如何对待“敌人”和“敌对观点”的问题上，曾经有过一种说法，就是要把敌人作为“反面教员”，把敌对观点作为“反面教材”，用来教育我们的人民和干部。在大多数情况下，这样的做法，的确能够体现出“敌人”和“敌对观点”对我们的价值，因为它们能够从反面给我们以教育，告诉我们“什么是错误的”“什么是正确的”。但是，这种做法本身，实际上有了一个已经设定的单向“思维定式”——“我们是正确的”，“敌人是错误的”，“敌对观点”的价值只能是“反面”的！这样的“思维定式”，决定了我们对“敌对观点”本身的实际价值很难有客观的认识。这就是“利用反面教员”做法的一个明显缺陷了。

这里说的对“敌对观点”的价值，很难有客观的认识，不是说肯定是错误的认识，因为有一些“敌对观点”，在客观上很可能完全是谬论，出于敌对者的利益，甚至是恶意的歪曲、诽谤。但是，不应该把所有的敌对者都设想为愚蠢的人，在他们之中也不乏个别明智之士。就此而言，敌对者对我们的攻击、反对，其观点未必都是荒谬的，为了他们自身的利益，可能揭露出了我们的某些弱点、缺点，甚至还可能击中了我们的要害。有一句古老格言说得好：“重视你的敌人，因为他们最先发现你的错误。”所以，我国宋代学者朱熹说过：“人能暴吾过者，吾师也；人能非吾言者，教我者也。”

如果认真研究世界政治发展史，我们可以得出这样的结论：那些伟人的成长，是得益于他们有一个强大的敌人；甚至可以从一定程度上说，是强敌造就了伟人。同时我们也可以得到这样的结论：一个自命不凡的人，如果没有一个高水平的敌对者，那么，这个人的结局注定是很可怜的。

我们应该承认这样的事实：能够公开地在自己的敌人面前承认错误，这不但需要非凡的勇气，而且表明他是真正的强者。因为，在总结政治斗争经验教训的时候，我们常常会发现，在敌我双方的尖锐思想较量中，往往会出现这样的情况：敌人的观点是对的，而我们被攻击的某个观点确实是错了。实事求是地承认这一点，没有什么可羞耻的，反而是一种明智之举。

可能会有人认为，怎样对待敌对观点，这是个立场问题，无论如何对敌人是不能肯定的。其实，在认识论上，这是荒唐的，而在政治上则是愚蠢的。因为这种形而上学的思维方式，堵塞了我们自己认识真理的一条道路，或者说，失去了一个改正错误的特殊机会！历史上的一些大思想家，之所以能够在学术上有创造性的贡献，其中的一个重要原因，是他们有辩证法的思维。德国哲学家尼采这样说过："我心中有一个常设的反对党，它攻击我作出的每一项行动或决定，即使在我深思熟虑之后，它依然不放弃一贯的正确姿态。"

这就是"敌对观点"的特殊价值。所以，在如何对待"敌对观点"的问题上，能够看出我们的实际领导水平和思想水平；同样地，对我们究竟是不是真正坚持实事求是，也是一个重大的考验。

（原载于《学习时报》2013 年 5 月 20 日）

## 五　"认识你自己"——自知无知是最大的智慧

"认识你自己"（即"自知"），这是古希腊戴尔菲城神庙墙上镌刻的箴言中最有名的一句。据流传下来的历史资料，这句箴言与古希腊著名哲学家苏格拉底有密切的联系，并且，其中还有一些很动人的故事。这些故事，可以使我们对"认识你自己"这句箴言的含义有更深刻的理解。

据苏格拉底的学生、古希腊哲学家柏拉图在《申辩篇》中所记载，苏格拉底是当时希腊最著名的学者之一，他经常向青年人宣传自己的思想，影响很大。后来，法庭以苏格拉底不敬神等罪名宣判他死刑。苏格拉底坚持认为自己无罪。为此，他在法庭上发表了一篇辩护演说，向人们说明了事情的原委。事情是这样的：他的一个朋友，到神庙中去问神（可能就是祭司一类的神职人员），有没有比苏格拉底更有智慧的人。神作了否定的回答。这使苏格拉底迷惑不解，因为他知道自己并不是最聪明的人，但是，又不能说神的回答错了。于是，他带着这个问题，去一一访问那些他认为很有智慧的人，其中有政治家、诗人、工匠等。

访问的结果如何呢？苏格拉底说，开始，被访问的人都以为自己什么都知道，是最有智慧的，但是，在问过之后，却发现他们除了自己职业范围内的知识之外，一无所知。经过这样一番访问，苏格拉底明白了，神的回答是对的。神之所以认为苏格拉底是最有智慧的人，是因为苏格拉底不是“不懂装懂”，而是老老实实承认自己的无知。由此，苏格拉底得出了一个结论：只有那些承认自己无知的人，才是最有智慧的人。苏格拉底的这个结论，是对“认识你自己”这句箴言的含义所作的深刻解释。“认识你自己”可谓警世之语，因此，它能够从两千多年前一直流传到现在，而且日益受到人们的重视。

从我们今天的认识水平来说，“认识你自己”这句箴言中所包含的深意——认识到自己的无知，它首先反映了认识论中的一个平凡真理，即任何人对客观世界的认识都是有局限性的。这是因为，一个人，在一定的条件下，只能对客观事物的某些方面有所认识；而且，在一定的时间里，这样的认识只能达到一定的深度；同时，由于认识手段的局限，在某个特定的历史时期中，人们对自然现象或者社会现象本质的认识，只能达到一定的深度。这就是说，我们每个人，在一定的认识领域，都可以说是一个“无知者”。凡此种种决定了，世界上没有“全知”的“神”！

事实证明，人们对客观事物（或者别人）本质的真正认识，必须经过一个艰苦的探索过程。我们的人生经历说明，与对客观事物（或者别人）本质的认识相比，人对自己的认识很难；而要认识到自己的缺点或者无知，那就难上加难。但是，人性往往是要把人向相反的方向推，使人们常常自以为是，总觉得自己比别人高明，并且天生地有“好为人师”的毛病。所以，一个真正聪明的人，他的智慧，就在于认识到自己的无知。相反地，一个人无知并不可怕，可怕的是不承认自己的无知。孔夫子说得好：知之为知之，不知为不知，是知也。

不少大科学家在谈自己的成长经历时都阐述过这样的思想，即他们在科学研究的道路上，不以自己的无知为耻。这恰恰是探索真理过程中应该有的勇气。他们都深刻体会到，自己所知道的一点东西，是因为坦白地承认自己无知才得到的。

毛泽东在中国民主革命时期，为了真正了解农村的真实情况，为制定政策提供根据，进行过一些认真的农村调查。他深刻地认识到，在向农民、农村知识分子和干部调查的过程中，要真正学习点东西，“没有放下臭架子、甘当小学生的精神”，是根本不行的，因为“必须明白：群众是真正的英雄，而我们自己则往往是幼稚可笑的，不了解这一点，就不能得到起码的知识”。不管毛泽东后来有过什么样的错误，他当年这个说法的真理性，都是经得起历史实践考验的。

做事如此，做人也必须如此。要使自己真正有智慧，那就必须认真遵循“认识你自己”这个古老的箴言，老老实实认识到自己的无知；同样道理，如一个智者说过的，一个人的真正伟大之处，就在于他能够认识到自己的渺小。事实证明，正是在正确认识自己的过程中，才能真正正确认识客观世界。认识的主客观真正有机统一了，我们的思想才能够充满活力。这恰恰就是认识的辩证法。

（原载于《学习时报》2012年11月19日）

· 第四题 ·

# 逻辑学中的思想智慧

在阅读那些不朽的学术经典著作时，我们不但能够从中获得丰富的知识，特别重要的是，我们还能够获得许多有价值的思想，感受到强大的思想力量。为什么这些哲学思想具有如此强大的感人力量呢？原因不仅在于思想的深刻，而且在于思想的严密逻辑性，表现出了一种强大的思想力量，使我们对它所阐述的道理心服口服。这一点，让我们更加深刻地认识到，作为哲学范畴的思想，同时也必然是一种逻辑学的范畴，因为我们已经知道，逻辑学是哲学的基础，或者说，逻辑学是哲学的内在因素。没有逻辑学的哲学，不能说是真正的哲学。所以，逻辑性也就必然是思想的哲学基本特征。对这个问题，还可以这样表述，没有逻辑性的思想，不能被称为哲学范畴，甚至还应该断定，没有逻辑性的思想本质上不能被称为思想。为此，我们应该认真研究逻辑学在构成真正的思想过程中的特殊价值。当然，要解决这样的思想哲学问题，首先应该从最基础的功夫做起，这就是要真正搞清楚什么是逻辑学，逻辑学是研究什么的，逻辑学的研究有什么价值，等等。

逻辑学是哲学的一部分，或者说是哲学的一个分支学科，它的研究对象也是思维方式的问题，具体说，研究的是人类思维的形式、结构及其规律。作为哲学范畴的思想，是逻辑学的研究对象。这就是说，思想的本质、发展规律和功能等问题，是逻辑学研究的一个重要任务。所以，我们通过对逻辑学的研究，可以进一步认识到逻辑思维中丰富的哲学智慧，因为逻辑学的研究能够使我们对思想的认识更加深刻。这就是说，我们应该认识到，在逻辑思维中蕴藏着丰富的哲学思想智慧。

逻辑，即逻辑思维，即人类的思维形式、结构及其规律，这是逻辑学的研究对象。我们这里所说的逻辑学，是指通常说的形式逻辑，也就是所谓传统逻辑，这是逻辑学最基础的学科，也就是本来意义上的逻辑学。所以，我们就从逻辑学的起源和发展说起。

logic 这个概念，是由我国近代学者严复翻译为汉语“逻辑”后开始在中国流行起来的。有些学者研究认为，逻辑（logic）这个概念的前身是一个希腊词逻各斯（logos）。在哲学史上，从古希腊到近现代的不同的哲学派别和哲学家，对逻各斯的内涵，曾经给予过不同的界定。主要的观点认为，逻各斯表达的是一种思想理性，是存在的一般规律，对于思维来说，就是一般的原则、规则、秩序等。在一般情况下，后来经常运用的逻辑的内涵与逻各斯的这些内涵，基本上是一致的。我们今天所运用的逻辑，作为逻辑学的研究对象，它的主要内涵就是思维的形式、结构和规律，以及在思维过程中应该遵循的原则、规则等。当然，在其他的一些学科中，有时候也使用逻辑一词，不过大多数情况下是在该词引申义上的应用。本来意义上的逻辑学是研究人的思想的本质及其发展规律的，所以，逻辑学是哲学的基础学科。

## 一 逻辑思维中的思想智慧

任何一种哲学思维方法的产生和发展，都是时代需要的产物，逻辑学的发展也是如此。从现有的文献中可以看出，古希腊和中国的先秦时期，由于思想文化发展的需要，自由争鸣之风盛行，适应提高辩论技巧的要求，以职业智者身份出现的所谓“论辩之士”“辩者”应运而生。这些人思维敏捷，能言善辩，他们“是”常人之“所非”，“非”常人之“所是”，由此而提出了一些惊世骇俗的诡辩、悖论之类的命题，对社会的常识进行无所顾忌的挑战，显示出了他们超群的智慧，开了自由思想的风气。比如古希腊论辩之士的“二分法”“阿基里斯追不上乌龟”“飞矢不动”等悖论，中国早期论辩之士提出的“白马非马”“鸡三足”“犬可以为羊”“离坚白”等，都是些颇有诡辩色彩的命题。在这些充满自由思考的命题中，智者们能够在“是”中看到“非”，在“非”中看到“是”，在“同”中见“异”，在“异”中见“同”，很显然，这是对人们常识性见解的挑战。现代社会的实践也证明，只有在自由的思想风气中，才可能激发出人们最大的智慧。

在一些人的常识中，这一类悖论、诡辩命题，似乎是荒谬的，毫无意义的；但是，如果我们从哲学思维的角度进行认真分析，就可以看出，当年的智者们敏感地发现了人们思维中的一些矛盾，揭示出了这些矛盾，并利用这些认识过程中的矛盾，形成了所谓悖论、诡辩性质的命题，正是在这些命题中，显示出了他们那超乎一般人的常识的智慧。

同时，我们还能够看到，这些智者之间的辩论，特别是他们的尖锐交锋，进一步显示出了这些人思想上的大智慧。其中的一个突出例子，是《庄子》中记载的著名的“濠梁之辩”：

庄子与惠子游于濠梁之上。庄子曰：“鯈鱼出游从容，是鱼之乐也。”惠子曰：“子非鱼，安知鱼之乐？”庄子曰：“子非我，安知我不知鱼之乐？”惠子曰：“我非子，固不知子矣；子固非鱼也，子之不知鱼之乐。全矣。”庄子曰：“请循其本。子曰‘汝安知鱼乐’云者，既已知吾知之而问我，我知之濠上也。”我们且不管庄子与惠子的辩论孰是孰非、谁输谁赢，单就其问答的机智严密而言，其可谓大智者！

庄子与惠子辩论的智慧在于，他们自己的表达中，对概念内在矛盾的分析，运用假设，进行归纳或者演绎的推理过程，从论题、论据到结论，都有严密的逻辑性，又能在对方的表达中找出逻辑上的欠缺，而后者在答辩中则能巧妙地弥补自己在逻辑上的欠缺。很显然，这样的辩论，实质上是思维主体之间的一种思想博弈，所以，作为人类思想交往游戏规则的一次精彩表演，使我们能够从逻辑思维中学习到丰富的哲学智慧。因此，庄子与惠子的辩论，对后世具有典范意义。

严密的逻辑思维，对于文学家的艺术创作，也有增加智慧的作用。苏轼《念奴娇》词中的一个描述，很能给我们以启发。苏轼《念奴娇·赤壁怀古》这一脍炙人口的名篇开头有这样几句：“大江东去，浪淘尽、千古风流人物。故垒西边，人道是、三国周郎赤壁。”可以看出，苏轼是在面对着三国赤壁之战的古战场来抒发自己的怀古之情的。但是，这里遇到了一个小小的问题：他当时所说的那个“赤壁”，究竟是不是三国赤壁之战的古战场？还不能肯定，因为究竟哪一个“赤壁”是三国赤壁之战的古战场，说法不一。但是，肯定会有一个是真的，至于这一个是不是真的，对于他抒发自己的怀古之情，并没有多大妨碍。于是，他就写了一句“人道是，三国周郎赤壁”——反正有人这样说过。可以看出，苏轼不但词句精彩，而且思想细密，就是在语言逻辑上也无懈可击，显示了这位大文学家的高超思想智慧。

无论是庄子与惠子的濠梁之辩，还是苏轼赤壁怀古之词的精彩句子，他们运用逻辑思维的智慧，今天对我们仍然会有深刻的启发。

当我们面对着一个高超的论敌时，千万不要以为自己有理就能够稳操胜券，因为人们总是要千方百计地寻找对方论点中的不周到、不严密之处，用来作为维护自己观点的论据；同时，自己在辩论中如果稍不注意而出现逻辑漏洞，也会被对方抓住，作为攻击自己论点的根据。我们已经看到过，本来有理却在官司中输了的例子并不罕见；我们从报刊上常常会发现，有一些政论批判性的文章，使用的概念内涵含糊，论证过程语无伦次，归纳与演绎不规范，结论颇多歧义。这些文章的基本观点虽然正确，但是，由于上述的逻辑毛病，往往引起读者反感，而不被接受。所以，运用概念、进行推理、得出结论的过程中，要保证概念和判断的准确性、论证的严密性，这对于稳妥而恰当地维护自己的观点、巧妙而有力地攻击对方观点中的破绽，宣传正确的思想，具有重要价值。很显然，要实现这样的理论目标，需要充分运用逻辑思维的哲学智慧。

（原载于《哲学思维与科学精神》，中共中央党校出版社 2020 年版）

## 二　柏拉图难题的哲学启示

据说，古希腊哲学家柏拉图有一次让他的学生去买水果，学生按照他的要求买来了苹果、梨。可是他说，我让你去买“水果”，并没有让你去买苹果和梨。这个学生就感到为难了：难道这个“苹果”和“梨”不是“水果”吗？既不是苹果又不是梨的那种“水果”，在哪里能买到呢？对于学生来说，这的确是个难题，那么，究竟“难”在什么地方呢？

当然，柏拉图自己对这个难题的实质性问题是很清楚的，他这是在考验他的学生，看看学生对“水果”和“苹果”这两个概念中所包含的“一般”与“个别”的关系问题究竟懂不懂。那么，在人的认识过程中，“一般”与“个别”之间究竟是什么关系呢？

为此，首先要搞清楚一般与个别这两个范畴的含义和实质。什么是一般呢？这就是人在认识客观事物的过程中，对各种各样同类事物的共同特征进行概括，关于这些事物的共同本质所形成的观念，就是事物所谓的“一般”。比如，人在认识苹果、梨等同类的东西之后，就从它们的共同特征中抽象出一个能够反映它们的共同本质的范畴，这就是一般的“水果”，或者用哲学语言说，是“水果”的一般。

那么，相对于一般“水果”的苹果、梨等，则是具体的水果，它们是个别的东西，因此，苹果、梨等就是水果的“个别”。这就是说，一般“水果”，表现出的是各种各样具体的水果如苹果、梨等的共性，而苹果、梨等这些具体的水果则反映出“水果”的个性。所以，事物的一般与个别的关系，实际上也是事物的共性和个性的关系。

我们从大量的实践经验中可以明白这样的道理：世界上的事物，总是千差万别的，都有自己的个性，所以，它们都是个别的；但是，任何事物都可以归为一定的种类，而同类的事物总是有某种共性的，有一些共同特征，这样，经过人的抽象思维，得出了体现这些同类事物本质的概念，这就是事物的一般。由此看来，世界上的任何事物，没有脱离个别的一般，任何的一般都必然要通过个别反映出来。

关于个别与一般关系的辩证法，列宁有一个深刻的概括：“对立面（个别跟一般相对立）是同一的：个别一定与一般相联系而存在。一般只能在个别中存在，只能通过个别而存在。任何个别（不论怎样）都是一般。任何一般都是个别的（一部分，或一方面，或本质）。任何一般只是大致地包括一切个别事物。任何个别都不能完全地包括在一般之中，如此等等。”

我们对事物的认识，总是从个别到一般，又从一般再到个别，经过这样的辩证思维过程，才能达到对事物的本质的认识。由此可见，“一般”与“个别”这两个范畴的关系，反映了人的认识过程中的辩证法规律，因此，“一般”与“个别”的关系问题，不但是一个重要思想方法问题，而且也是一个科学的工作方法问题。

我们的文艺创作工作，之所以能够繁荣发展，又能够坚持正确的政治方向，从哲学方法论上说，就是因为遵循了“一般”与“个别”辩证关系这个重要的思想方法。任何一种文艺作品的创作，都要坚持为人民服务、为社会主义服务这个根本原则，任何有价值的文艺作品，都绝不能违背这些共同要求；但是，如果我们的文艺作品只是一些空洞的套话，甚至只有一些政治口号，而不能创造出有血有肉、个性鲜明的生动艺术形象，就不可能吸引群众，更难于实现团结群众、教育群众的目的。这样，贯彻根本原则、坚持政治方向，都成了空话。

长期以来的实践经验证明，正确的领导意见，是从群众中集中起来，又到群众中坚持下去，不断地经受群众实践的检验，才逐渐形成的。就领导工作的实际过程来说，则是一般号召和个别指导相结合的科学方法。在对群众的个别指导过程中，总结群众经验，形成一般的意见，再把这些初步形成的一般意见，拿到群众的实践中提炼升华，概括为更深刻的思想观念。这个从一般到个别，又从个别到一般的辩证思维过程，既是马克思主义的认识论，又是科学的工作方法。

“从一般到个别，又从个别到一般”，作为一种科学的思想方法和工作方法，它要求我们既要深入实际、实事求是地研究具体问题，又要具有概括能力，把自己的认识提高到哲学的层次上，把握事物的本质，才能够高瞻远瞩。所以，这样的思想方法和工作方法，对于克服我们一些领导同志的事务主义，避免工作的盲目性，是十分有价值的；同时，对于避免思想上的教条主义，克服有些人的官僚主义思想作风，也是非常重要的。

（原载于《学哲学用哲学》，中共中央党校出版社 2013 年版）

## 三　如何戳穿诡辩

提起“诡辩”，大多数人把它作为一个贬义词来看，有些人甚至把诡辩看成是无理狡辩、胡搅蛮缠、颠倒黑白等。但是，这些说法并不是诡辩的原意。据现在的一些文献记载，英文中的“诡辩”（sophism）一词，是从希腊文演化而来的，而在希腊文中，诡辩有“技巧”“智慧”的意思，同时，诡辩与哲学在词源上有密切关系。所以，在古代的思想家那里，诡辩是与“哲学”“技巧”“智慧”等概念联系在一起的。这就是说，不能把诡辩简单地视为贬义词，它实际上是人的智慧的一种表现形式。但是，诡辩的论辩形式，实质上是把一般形式逻辑的论证方式，加以形而上学的利用，变成了一种极端性思维方式。

那么，为什么“诡辩”逐渐变成贬义词了呢？这是由于古希腊时代，出现了一批专门以传授知识和各种技能为业的人，他们擅长讲演和辩论，这对辩证法作出了贡献；但是，他们为了某种目的常常又歪曲辩证法，错误地运用逻辑方法，用似是而非的论据，宣扬他们的一些不符合实际的观点。这些人自称为“智者”。当时的哲学家柏拉图把他们称为“智术之士”，也把他们叫作“诡辩术的专家”，说他们是为了骗人而进行虚假论证。这样，诡辩的概念也就发生了性质上的变化。

那么，在近现代以来的哲学中，诡辩概念的含义和本质究竟是什么呢？对此，德国哲学家黑格尔有一个说法：“诡辩这个词是坏字眼。特别是由于反对苏格拉底和柏拉图，智者们弄得声名狼藉。诡辩这个词通常意味着以任意的方式，凭借虚假的根据，或者将一个真的道理否定了，弄得动摇了，或者将一个虚假的道理弄得非常动听，好像真的一样。”黑格尔在这里对诡辩者的手法描绘得很生动，对它的实质也揭示得很深刻。

列宁在论述唯物辩证法时，对诡辩的本质也进行过揭露。他认为，避开事物发展的全部具体情况，离开事物变化的内部联系，抓住事物的表面相似之处，来作出肯定的或者否定的结论，这就是诡辩的本质。

黑格尔和列宁关于诡辩问题的这些精彩论述，对于我们认识诡辩的本质，是很有启发的。为了进一步认识诡辩，从而能够有效地揭露诡辩方法，我们再具体作些研究。

在中国，一提起“诡辩”这个概念，人们自然就会想起著名的“白马非马”这个命题。这是我国古代学者公孙龙的一个命题，他的论证是：“马者所以命形也，白者所以命色也，命色者非命形也，故曰白马非马。”

为什么说“白马非马”是个诡辩论的命题呢？因为，这个结论的得出，是运用了偷换概念的手法，马是指马的形体，而白马是指马的颜色，所以，马的颜色不等于马的形体；同时，这也是运用概念中一般与个别的差别否定了一般包含在个别之中这个道理。很显然，个别的“白马”当然不等于一般的“马”，但是，一般的“马”不能孤立地存在，它必须通过“白马”“红马”等个别的马表现出来。可见这两个论证方法，在形式逻辑上是可以说得过去的，但是，都表现出了一种形而上学的思维方法。

在我们的现实生活中，也能够常常看到这样的事例。据说有这样一个故事：一个普通人去某机关，要求工作人员为自己办某件事。出于某种原因，工作人员回答说，你这件事不能办。这个人说，你们不是为人民服务的吗？工作人员再回答说，我们是为人民服务的，但不是为你个人服务的。我们且不管事情到底应该不应该办，只就这个工作人员的回答来看，他显然是在诡辩。因为，“人民”是通过许多“个人”表现出来的，所以，如果不为每个具体的个人服务，那你的“为人民服务”，不就成了一个抽象概念了吗？

据报载，某记者揭露了一个地方政府的某个问题，引起该政府某领导干部的不满，为此，他竟然对记者发出了这样的责问：你们究竟是要为党说话，还是要为老百姓说话？此话一出，舆论哗然。这里，我们先不说某领导干部这句话的政治错误，就从这句话本身来看，也是一种拙劣的诡辩。“为党说话”和“为老百姓说话”，在根本上是一致的，因为从理论上说，党是代表老百姓的利益的，怎么能把“为党说话”和“为老百姓说话”对立起来呢？很显然，这个诡辩的实质，是有意割裂了事物之间的必然关系，存在一个明显的逻辑错误。

从上述几个诡辩的例子中，可以看出一些共同特点，这就是它们或者是割裂了事物一般与个别的关系，或者是把本来是必然联系着的事物绝对对立起来，或者是用抽象概念来回避具体问题，等等。就思维方法来看，表现出了明显的形而上学特点。这就是说，戳穿诡辩论的有力思想武器，只能是唯物辩证法。

常言道：事实胜于雄辩。诡辩论者无论是运用什么手法，他们得出的结论，都是不符合客观实际的。所以，戳穿诡辩论的最有效办法，还是“摆事实，讲道理”，因为不管是怎样“高明”的诡辩，在事实面前，总是要现原形的。辩证法与唯物主义正是在这里统一起来的，这就是说，真正的辩证法是彻底的唯物主义，彻底的唯物主义是真正的辩证法，因此，它具有强大的逻辑力量。

（原载于《学习时报》2013 年 7 月 1 日）

## 四　逻辑思维的思想力量——如何改变文论有理却无力的现象

在我们的现实生活中，不少高人的文章、讲话，激情洋溢，义正词严，铿锵有力，深深地打动着读者的心。同时我们也会发现这样的现象：一些人的文章、讲话，虽然冠冕堂皇，口气很大，但是，从其内容到形式，都显得空洞无力。因此，它们的社会影响，相当微弱，许多人甚至对之不屑一顾。与前者对比一下，我们可以看出，这些言论并非不正确，而实际上的影响力却微不足道。这个现象是很值得我们深思的。

与此相联系的还有一种情况，也值得我们重视。随着改革开放的深入，人们之间的思想交流更加规范有序了，这说明以民主、法治为基础的文明水平有了历史性的提高；但是也应该承认，由于民主、法治仍然不健全，在不同思潮之间的激烈争论中，有时候就会发生一些是非难辨的不正常情况。比如说，社会上常常流传着一些似是而非的观点，混淆视听，令人难辨真假，造成思想上的混乱。在这种情况下，权力机关或者宣传部门就在官方媒体上发表文章，批判那些错误观点，以正视听，这是理所当然的事情。但是，其中一些文章的宣传效果令人失望，其原因自然是多方面的，不过说到底还是由于那些宣传文章说服力不强。文章的观点是正确的，为什么却缺乏说服力呢？这也是我们应该认真研究的一个问题。

某些文章、讲话为什么有理却无力呢？这自然是有各种原因，但是，问题归根结底还是出在这些文章、讲话本身。比如说，有的人采取强词夺理的方式，企图以此来推销自己的某种思想，却反而失去了基本的社会支持；有的人以为自己位高权重，在讲话、文章中，常常不顾基本的语法、逻辑规则，自以为具有政治优势、观点正确而强加于人，其效果却是适得其反——显得软弱无力，没有人买账。看来，要使自己传播的理论观点强有力，除了要有政治优势和观点正确的条件之外，还要注意讲究语法技巧和逻辑规则，遵循基本的思维规律，这样，才能使文章、讲话具有比较强的逻辑力量，从而产生积极的社会影响。

这个问题再一次说明了这样一个真理：在当今时代，企图以权力来推销自己的观点，搞以势压人的那一套，是行不通了。因为，在现代民主法治的社会中，作为思想的主体的每一个人，都是平等的，而任何人的任何一种理论、观点，都没有不受质疑和批判的权利；同样道理，任何人都有维护自己的理论、观点存在而对各种质疑和批判进行反驳的权利。因此，整个社会的理论水平，正是在这样的质疑和反驳、批判和反批判的思想交锋过程中，不断推进到新的历史阶段中去的。人类文明进步的历史事实证明，在不同观点的交锋中，进行真刀真枪的辩论，对于推动思想的发展，是一种真正的动力。

当然，这样的目标并不是自然而然就能够实现的，需要具备一定的条件，这个条件，就是要在平等、自由的思想交锋中，谁也不能把自己的观点强加于人，而必须遵守基本的文明规则。具体来说就是，对我们认为是错误的理论、观点进行质疑和批判，必须做到概念内涵准确，推理、判断合乎规则，结论的论据真实、充分，令人心服口服，这样的质疑和批判，才能是真正有理有力的；同样地，对别人的质疑和批判进行反驳，要心平气和，不能强词夺理，更不能虚张声势，而必须严格遵循逻辑规则，做到有理有据，这样的辩驳才会有力，才能站得住脚，立于不败之地。在一定意义上说，这就是逻辑的力量之所在。

我们在社会主义改革开放的事业中要取得成就，必须伴随着文明水平的不断提高，才能在世界大家庭中获得崇高的地位。在这方面的一个基本要求，就是在国际交往中，特别是在表达自己的观点时，注意遵守国际社会的通行规则，注意概念内涵的准确性、命题定义的严谨性、论证过程的严密性、论据的真实性，保证结论的非歧义性，真正做到有理有力，这就不仅是一种语言逻辑的规范性要求，而且也是我们国家和民族文明程度的体现。

研究逻辑学，运用逻辑学，其作用绝不可被轻视，这不仅是中国国内事业的需要，而且也是国际事业的需要。因为严肃地遵守国际交往的秩序、规则，这必将树立起我们在世界上的文明形象。应该相信这样一个真理：我们的智慧和力量，归根结底来自人类的文明发展。

那些杰出的思想家，都有一个共同的特点，即他们都善于表达自己的思想观点，而且条理分明，有很强的说服力，有人把这个特点称为“强有力的逻辑力量”。反之，人们也会发现，那些缺乏基本的逻辑训练的人，说起话来，语无伦次，甚至词不达意，不知所云，使人越听越糊涂；还有一些人，说话或者写文章，往往强词夺理，说服力很差。这些人之所以出现这样的现象，除了思想政治素质、语言文字修养等方面的缺陷之外，缺乏基本的哲学思维训练，逻辑表达能力差，也是不可忽视的原因。

（原载于《哲学思维与科学精神》，中共中央党校出版社 2020 年版）

· 第五题 ·

# 思想常新的哲学秘密

人的思想之所以有价值，一个根本原因，是它能够随着时代的发展，不断地更新，在人类社会的急剧变化面前，呈现出新的观点、新的思维方式。这就是说，只有新思想，才能对时代的进步发展作出新的贡献。这里的一个关键问题是，我们的思想怎样才能保持常新呢？如果从哲学的认识论来说，新的思想，包括新的思维方式，归根结底是对新的社会现实的反映形式。很显然，总是据守自己的旧有小社会，对新的社会体制、新的时代面目，拒不观察，懒得去研究和思考，思想必然是陈旧保守的。所以，我们应该自觉地面对多元开放的世界，认真研究正在兴起的各种新生事物，这样，才能使自己的思想与时俱进、不断更新。

有些人的思想之所以长期陈旧保守，一个重要的原因，是这些人实际上闭目塞听，根本无缘接触那些不同的、新的思想见解。可想而知，在一个人人相同的、死气沉沉的思想环境中，怎么会有新的思想产生呢？所以，认真研究不同的观点，从开放多元的思想世界中不断地吸收新的精神营养，对于我们思想的不断更新，是有特殊价值的。

## 一　怎样才能使自己的思想与时俱进、不断更新——从恩格斯晚年访问美国札记说起

1888年8月17日—9月19日，68岁高龄的恩格斯，与几个朋友到美国和加拿大旅行了一个月，回程在轮船上写了一篇札记，记录了自己的一些感受。这篇没有写完的札记，在开头部分写道："我们通常都以为，美国是一个新世界，新不仅是就发现它的时间而言，而且是就它的一切制度而言；这个新世界由于藐视一切继承的和传统的东西而远远超过了我们这些旧式的、沉睡的欧洲人；这个新世界是由现代的人们根据现代的、实际的、合理的原则在处女地上重新建立起来的。美国人也总是竭力使我们相信这种看法。他们瞧不起我们，认为我们是迟疑的、带有各种陈腐偏见的、害怕一切新事物的不切实际的人；而他们这个前进最快的民族（the most go ahead nation），对于每一个新的改进方案，会纯粹从它的实际利益出发马上进行试验，这个方案一旦被认为是好的，差不多第二天就会立即付诸实行。在美国，一切都应该是新的，一切都应该是合理的，一切都应该是实际的，因此，一切都跟我们不同。"①

从这篇游记中可以看出，恩格斯是以极其兴奋的心情来谈论美国社会的，在他看来，这个新兴的资本主义国家处处欣欣向荣，这就是说，资本主义仍然在发展中，而且还充满了活力。这个现实对他的思

① 《马克思恩格斯全集》第21卷，人民出版社1965年版，第534页。

想自然是有触动的。此后，恩格斯对欧美的资本主义发展、各国工人运动状况更加关注，特别是对经济变革和资本主义民主制度的演变进行仔细研究、重新思考。由于对欧美各国资本主义经济的变化和工人运动中的新问题，恩格斯直到晚年都始终注意研究，所以，在他晚年的一些文章、谈话中，明确反映出了思想的新进展。

其中的一个突出表现就是，恩格斯对资本主义国家“普选权”的价值、对工人阶级合法斗争的意义的看法，与早年相比，有了明显的变化，显示了恩格斯的思想能够随着时代而不断前进。1893 年 5—6 月，恩格斯在对记者的谈话中，曾经兴高采烈地向记者介绍了德国工人政党在国会选举中得票逐年增加的情况，而在 1895 年 3 月 5 日写的《〈法兰西阶级斗争〉导言》中，则详细地从理论上阐述了他的观点变化。

比如，在谈到对资本主义社会中普选制的性质与作用的看法时，恩格斯说，早期工人运动是把选举权看作资产阶级的“陷阱”和“欺骗工具”的，而随着情况的发展，他认为，应当把选举权由历来被视为欺骗的手段变为解放的手段。接着，他历数了普选权（即选举权）对工人阶级的好处，比如，使我们能够每三年计算一次自己的力量；定期确认的选票数目的迅速增长，能够加强工人的胜利信心；成为我们最好的宣传手段，给我们提供了关于我们自身力量和各个敌对党派力量的精确情报；在竞选宣传中，它给了我们到人民还疏远我们的地方去接触群众的独一无二的手段；在国会中给我们的代表提供了一个讲坛，我们的代表在这个讲坛上可以更有权威和更自由得多地向自己在议会中的对手和议会外的群众讲话；等等。恩格斯指出，普选权的这些好处说明，有成效地利用普选权，无产阶级的一种崭新的斗争方式开始发挥作用了。

这说明，恩格斯的思想是与时代同步的。在新的历史时代，他的思想也在不断前进，不断有新东西。为什么晚年的恩格斯仍然是具有新思想的大思想家呢？这主要是因为，他不脱离实践，不脱离时代，不停止思考，所以，思想总会不断进步。这也是每个人思想与时俱进、不断创新的基本途径。

我们生活在一个以高科技为基础的民主法治时代，社会结构及其相应的社会关系经常处在变革之中，人们的思想活跃、日新月异，大家的见解好像总是处在“昨是而今非”的状态中。因此，一位高明的领导者，就必须使自己的思想与时俱进、不断更新，始终站在时代的前头，这样，才能成为名副其实的领导者。否则，我们不但无法适应新的环境，而且还要落后于时代，那我们就没有资格做合格的领导者了。

那么，怎样才能使自己的思想与时俱进、不断更新呢？我们从恩格斯晚年访问美国的札记中，从他对工人运动中一些重大问题的重新思考中，可以得到启发：人们的创造性思维，不能在自我封闭中得到，而必须通过不断开辟新的天地，扩大视野，在新的实践、新的体验基础上，进行新的思考而获得。始终站在时代的前列，善于总结不断发展着的实践经验，进行独立思考，这就是思想常新的秘密。

（原载于《学习时报》2012年12月3日）

## 二 “双百方针”为什么能促进文化繁荣

文化的繁荣，是社会进步发展的重要表现形式。应该明确提出的是，这里所说的繁荣，其核心内容是不断地更新，可想而知，如果文艺作品没有新东西出现，所谓的文化繁荣，是无从谈起的。事实证明，繁荣局面的出现，是社会具有生机和活力的作用。那么，如何才能使我们的社会真正具有生机和活力呢？中国文化发展的历史经验曾经给我们以启示，其中，“百花齐放、百家争鸣”这个古老而常新的命题，不断地给我们解决这个问题提供思想智慧。

我们在发展文化问题上，有着丰富的历史经验，一直在探讨科学的发展途径，并且不断地有新的思想进展。为了进一步繁荣文学艺术、推动学术的发展，中共中央于 1956 年正式提出了“百花齐放，百家争鸣”的方针，即“双百方针”。记得当时的作家、艺术家、学者曾经一度欢呼雀跃。这个“双百方针”为什么使得文艺界和学术界人士如此兴奋呢？因为他们从这里看到了一种希望。但是，随后而来的各种政治运动，使这个方针没有能正确地执行，反而受到歪曲利用。“文化大革命”结束，中国迎来改革开放的新时期，“双百方针”又重新被重视起来，因此，文艺界和学术界又很快焕发出了勃勃生机。于是，中国又迎来了一个文学艺术和学术发展的春天。凡是那个时期的过来人，都能从对这段曲折历史的反思中得到深刻的教益。

“双百方针”对文艺界和学术界为什么有这样大的吸引力呢？历史发展的经验教训一再证明，这是因为“双百方针”是促进文化繁荣的一个强大动力。“双百方针”为什么能够成为促进文化繁荣的强大动力呢？这些问题的答案，只有在“双百方针”本身内部才能找到。这是辩证法的思维方式的一个基本要求。

“双百方针”是一个什么样的方针呢？这里引用当年毛泽东代表中共中央所作的一个权威解释：“百花齐放、百家争鸣的方针，是促进艺术发展和科学进步的方针，是促进我国的社会主义文化繁荣的方针。艺术上不同的形式和风格可以自由发展，科学上不同的学派可以自由争论。利用行政力量，强制推行一种风格，一种学派，禁止另一种风格，另一种学派，我们认为会有害于艺术和科学的发展。艺术和科学中的是非问题，应当通过艺术界科学界的自由讨论去解决，通过艺术和科学的实践去解决，而不应当采取简单的方法去解决。为了判断正确的东西和错误的东西，常常需要有考验的时间。”①因此，“对于科学上、艺术上的是非，应当保持慎重的态度，提倡自由讨论，不要轻率地作结论”②。

那么，百花齐放、百家争鸣方针的实质是什么呢？在毛泽东的解释中，反复强调不同学派、不同风格，应该“自由争论”“自由讨论”，并且要排除行政权力的干预，保证不同学派、不同风格的“自由发展”。这就是说，“双百方针”的实质是实行学术自由。当然，毛泽东在阐述百花齐放、百家争鸣方针的同时，不适当地强调了意识形态领域中的阶级斗争，不正确地认为“百家争鸣”实际上就是资产阶级和

① 《毛泽东文艺论集》，中央文献出版社 2002 年版，第 158 页。
② 《毛泽东文艺论集》，中央文献出版社 2002 年版，第 159 页。

无产阶级两家的思想斗争，这就为一些人歪曲“双百方针”的实质提供了错误的根据。但是，他对“双百方针”实质的那些正确阐述，对我们坚持学术自由的原则，仍然是有指导意义的。

什么是学术自由呢？这就是艺术创作、学术研究中的自由，即艺术家、学者们能够自由地争论、自由地讨论、自由地批判、自由地探讨、自由地思考、自由地创作。这样，才能使艺术家、学者真正成为创作行为、研究行为的主体。艺术创作、学术研究的实践证明，一个真正自由的主体，才具有创造性。“双百方针”之所以能够促进文化的繁荣，其中的一个关键原因，是它为艺术家、学者在艺术创作、学术研究的实践中提供了真正的自由。

“双百方针”的这个作用，生动地体现了辩证法的发展观。艺术与科学之所以能够不断地发展，一个重要动力，就是它们内部不同学派、不同观点、不同风格等的矛盾，通过自由地批判、争论、探讨，在更高层次达到统一——产生新的文化成果，实现艺术和学术更高层次的繁荣发展。用辩证法的语言来说，这就是以“对立面统一”为本质内容的“自己运动”。列宁对此曾经阐述过深刻的哲学思想，他明确地阐述，要把过程作为对立面的统一来认识，这样，才能认识到世界上一切过程作为“自己运动”的发展本质。列宁指出：“思维的理性（智慧）使有差别的东西的已经钝化的差别尖锐化、使表象的简单的多样性尖锐化，以达到本质的差别，达到对立。只有那上升到矛盾顶峰的多样性在相互关系中才成为活跃的（regsam）和有生机的，——才能获得那作为自己运动和生命力的内部搏动的否定性。”[①]“双百方针”就恰恰使艺术创作、学术研究的主体之间的多样性有了本质的差别，从而形成了这些群体中的个体的“自己运动”的自由。

可以看出，应该把辩证法所说的“自己运动”，作为“对立面的统一来认识”，也就是说，应该将其看作是在一种“内在矛盾”的演化中向前发展的运动。这就意味着，“双百方针”所推动的思维运动，是在不同观点、不同学派之间的争鸣、论争、论战中前进的。有一位科学家曾经提出这样的观点：在科学的发展中，论战的尖锐程度，决定了思想的深刻程度。这可以看作是对“双百方针”中包含的辩证法的深度解读。

“双百方针”中的这个哲学启示，对我们不断地改革文化艺术工作具有特殊的思想价值。那主要是，做艺术和学术方面的领导工作，有一个重要思想前提，那就是必须把作家、艺术家、学者们如实地视为自由的主体。经过多次政治运动“锻炼”过的作家、艺术家、学者们，急切地盼望着能够尽情发挥自己的才智，为促进人民文化事业的繁荣发展贡献一份力量。然而，要做到这一点，他们必须获得“自己运动”的自由！“双百方针”的真正实行，能够使他们具有这样的自由。作家、艺术家、学者们看到了自由，就看到了希望。这就是“双百方针”能够使文化艺术真正繁荣的秘密之所在。

（原载于《学习时报》2013年4月29日）

① 《列宁全集》第55卷，人民出版社1990年版，第119页。

## 三　不要把任何一种观点视为“绝对真理”

经历过我国20世纪60年代“文化大革命”的人，可能还会记得，那个时候，人们天天都要学习“最高指示”，宣传“最高指示”，贯彻“最高指示”，搞得“轰轰烈烈”，不亦乐乎！什么是“最高指示”呢？就是毛泽东的文章、论著，或者他关于某个问题的批示、讲话，等等。对这样的现象，现代人听起来好像是笑话，但是，当年人们是很认真、很严肃地去做这样的事情的。

“文化大革命”时期，之所以能够出现这样的怪现象，与当时领导人那种极左的政治思想是有密切联系的。记得当年的宣传中，一再重复这一类说法，“毛泽东同志是当代最伟大的马克思列宁主义者”，“毛泽东同志天才地、创造性地、全面地继承、捍卫和发展了马克思列宁主义”，“毛泽东思想是马克思列宁主义发展的顶峰”，“毛主席的指示是全党、全军和全国一切工作的指导方针”，等等，不一而足。

从给“毛泽东同志”“毛泽东思想”“毛主席的指示”加上“最伟大”“全面”“顶峰”等最高级的形容词来看，毛泽东的指示、毛泽东思想等，就是“绝对真理”，而其他任何思想观点，都不能与它“平起平坐”，只有它才是至高无上的！这种极左的理论观点，加剧了几乎是狂热的个人崇拜之风。

现在回过头来看，当年的这些怪现象，一方面是有些政治掮客别有用心，在部分群众中制造思想混乱，在乱中营私舞弊；另一方面，对大多数人来说，则不能不说是一种思想上的愚昧。那么，问题的症结何在呢？这就是在绝对真理与相对真理的关系问题上，许多人忘记了唯物辩证法的观念，而坚持了一种唯心主义形而上学的态度。

实践证明，人的认识，总是由比较浅层次的本质进而到比较深层次本质的认识过程，以此无穷地继续下去，越来越接近对事物本质的认识；但是，这个认识过程永远不会完结。就这一点而言，人对真理的认识深度只能是相对的，而不可能是绝对的，从这个意义上我们应该说，只有相对真理，而没有绝对真理；但是，从肯定的方面看，人对事物认识的每一步都是对事物的本质的一种认识，因而，这样的认识中包含了客观的认识内容。认识中的这个内容是客观的，当然也就是绝对的。所以，人在每一层次中的认识成果，就其认识内容的客观性而言，都应该说是一种绝对真理。但是，这并不意味着人对事物的本质的认识过程不能继续深化下去了，因为，随着客观世界的无限发展，实践的相应发展，人的认识的深化是不可能停止的。

认识过程的这个辩证法告诉我们，人们所能够把握的都是相对真理，我们所说的绝对真理，是指其包含着认识内容的客观性而言的，而不是所谓终极认识成果的“绝对真理”。世界上没有这样的绝对真理，也不可能有这样的绝对真理。这个认识过程的辩证法还告诉我们，“文化大革命”时期鼓吹的“最高指示”论、“顶峰”论，就是实际上不存在的所谓“绝对真理”，是认识论形而上学猖獗的表现形式！正因为它是违背人类认识规律的，所以，它虽然能够祸乱一时，但是很快就烟消云散了。

虽然这一段荒唐的历史过去了，但是不要忘记它留给我们的深刻教训。应该承认，在一些领导人的头脑中，类似的认识论形而上学毒害，仍然不可轻视。比如，人们常常可以看到这样的情况：有的领导人发表讲话或者文章，总是习惯于把自己的观点说成是最正确的，不作分析，不留余地，不容争论，俨然以“绝对真理”自居。这些人自以为聪明，其实是很愚蠢的，为什么？因为他们根本不懂得认识过程的辩证法。

辩证法会使人变得更加聪明，其中的一个关键，就是它能够让人觉悟到自己对客观世界认识的相对性，知道自己还有更深远、更广阔的认识天地。这就是说，他们认识到自己还有进步的余地，还有提高的希望。可见，认识论的辩证法——不把自己的认识看成是“绝对真理”，有这样认识的人是大有希望的。

相反，那些把自己的思想观点自封为“绝对真理”的人恰恰暴露了自己的无知，而且自己堵死了自己继续进步的道路。这就是他们的一个悲剧。有一句格言说得好：“人们之所以失败，不是因为他们不懂，而是因为他们以为自己什么都懂。”那些自以为“一贯正确”，把自己的观点说成是“绝对真理”的人，不是可以从这句格言中吸取一点教训吗？

（原载于《学习时报》2013年1月21日）

## 四　不断形成开放性的思维方式

从20世纪50年代开始，由于“左”倾指导思想的影响越来越大，比如，在国际关系方面，自我孤立、自我封闭的状况越来越严重，所以，在那个时候，对于“对外开放”这样的词句，人们越来越忌讳，到了“文化大革命”时期，如果有谁说要向外国学习什么先进技术，或者说外国的什么产品比我们的好，就会被扣上“洋奴哲学”的帽子而受到批判。这样，久而久之，就形成了一部分人的封闭性的思维方式。这种封闭性的思维方式在各个方面都造成了很坏的影响。比如，在国际交往中，思想越来越封闭，与先进的文化信息越来越隔绝，其结果当然是越来越落后；在国内，各个地区之间缺乏必要的开放和交流，因此国内各个地区之间发展极不平衡，造成整体上的落后。

在那些动乱年代里，某些人之所以顽固坚持那种封闭性的思维方式是有历史原因的。中国在古代，特别是在明、清时期，曾经成为世界强国，不过，由于对世界上的情况不甚清楚，某些帝王动辄以“天朝大国”自居，于是，就采取了闭关自守的政策，而某些官员也就滋生了妄自尊大的心理。这样，在一些士人中，就形成了一种相应的封闭性的思维方式。这种封闭性的思维方式，流毒很深，以至于成为中国经济、政治、文化日益落后的一个重要原因。

现代社会的生活经验一再说明，任何一种真正有价值的思想文化都是人类文明发展共同成果的一部分，逐渐地突破了地区和国家的局限性。这样，各国各地区的思想文化就逐渐显示出了它们的开放性，这种开放性实质上反映了文明本身的人类性特征。因此，企图在闭关自守中提高自己的文化水平，建设先进文化，是很难的事情，最后，顶多出现一种空谷幽兰、孤芳自赏的局面。这个问题的症结就是，封闭性的思维方式，只能使我们的思想日益萎缩，眼界日益狭隘。

从大量的经验教训中，我们可以看出，封闭性思维方式的一个明显特征，是思维主体的“唯我独尊”。也就是说，在他看来，自己的观点是唯一正确的，是独一无二的，甚至是至高无上的！人们可能还会记得，20 世纪 60 年代的“文化大革命”中，一些人曾经声称，中国的毛泽东思想是全世界最高水平的马克思列宁主义，是马克思主义发展的最高阶段，等等。在这样的思想状态下，某些人对其他任何思想文化都一概采取排斥的态度，颇有一点“老子天下第一”的味道！很自然地，在这样的情况下，我们还有什么必要去向别人学习呢？于是，一些领导人就陷入了一种极为有害的自我封闭状态中。

封闭就要落后，落后就要受穷！从沉痛的教训中，人们很快认识到，必须克服封闭性的思维方式，使思想开放起来。事实证明，开放性的思维方式是改革开放政策的可靠思想基础之一，而坚定地走改革开放之路，则是国家富强、人民幸福的根本保证。几十年的改革开放事业使广大群众和干部更加明白了一个真理：打破思想的封闭性，确立开放性的思维方式，实在是太重要了！

与封闭性的思维方式不同，开放性思维方式的一个本质特征，是它强调作为认识结果的真理的多元性质，它不承认有唯一正确的思想观点。从肯定的意义上说，任何一种思想观点，都有它的真理性因素，对每个思维主体来说，都有其独立的价值。正是基于这样的价值考虑，开放性的思维方式抛弃了封闭性思维方式那种妄自尊大的恶劣态度，对凡是有价值的思想观点都采取平等的尊重态度、虚心学习的态度。事实证明，对不同思想观点采取尊重的态度、学习的态度，这样的思想文化，才能提高水平！

开放性的思维方式强调认识的多元性质，而认识的多元性质，实际上就是承认各种思想文化都互有长短。肯定不同思想文化各有长短，实际上也就是承认不同主体认识上的互补性。所以，逻辑的结论，世界上的各种思想文化，都需要互相交流，以便取长补短。人类文明发展的经验教训说明，各种不同思想文化只有在广泛的交流过程中才能繁荣发展，为世界文化发展作出自己的贡献；否则，骄傲自大，拒绝交流，用不了多长时间，这样的思想文化就会被人类文明发展的洪流所淹没。

一个民族的思想文化发展是如此，一个人的思想进步也是如此。我们所从事的中国特色社会主义事业，其主要任务是发展社会主义的市场经济，是建设社会主义的民主政治。而无论是市场经济的完善，还是民主政治的健全，都需要真正开放的社会环境。很明显，作为一个现代社会的领导者，必须承担起领导市场经济和民主政治发展的重任。因此，没有一种真正开放性的思维方式，是很难承担起这样的领导责任的，就是勉强履行职务，也很难有所作为。

我们所生活的世界，是一个全方位开放的世界。我们所从事的事业，是全方位开放的事业。我们的头脑，也必须是一个全方位开放的哲学头脑。所以，作为这个事业的领导者，必须克服落后的、保守的、封闭的思维方式，真正确立开放性的思维方式。为了使我们的思想能够常新，那就必须让我们的思维方式开放一些，再开放一些！

（原载于《学习时报》2012 年 7 月 2 日）

· 第六题 ·

# 非理性思维方式的特殊认识论功能

在人类对宇宙特别是人本身奥秘进行探索的过程中，基于不同的认识需要，以及意识形成和发展的各种特殊条件，形成了认识上各种不同的思维方式，其中具有哲学认识形式的基本形式是理性思维方式，同时，也产生了一些非理性思维方式。人类的认识史已经证明，非理性思维方式是人类探讨宇宙真理不可缺少的认识途径，并且，由于非理性思维方式的特殊功能，它已经成为理性思维方式的必要补充认识形式。所以，认真探讨非理性思维方式的特殊认识功能，是哲学认识论研究不可或缺的组成部分。

这里需要提出的是，非理性思维方式与理性思维方式都是哲学认识的基本形式，但是，它们由于形式不同，因此，具有不同的认识功能。作为哲学认识基本形式的理性思维方式，也可以被称为理性认识形式，它是由感性认识形式发展而来的，又区别于感性认识形式，它主要是以逻辑形式和概念形式呈现出来的，这就使其认识形式具有概括的和抽象的性质。一般来说，感性认识形式，主要是对事物的现象或者说具体形象的一些感觉；理性认识形式的特点，则使人的认识能够把握事物的本质和规律。当然，在整个认识过程中，人的感性认识和理性认识是互相联系着的，没有感性认识，理性认识就失去了基础；没有理性认识，人对客观事物的认识就不可能完成。

从主要的和本质的方面来说，非理性思维是相对于理性思维而言的，二者是人类认识客观世界的不同思维方式。我们如果认真研究一下就可以看出，非理性思维方式常常借助于某种形象来反映它的认识要求，所以，有人说非理性思维方式是一种形象思维；但是，非理性思维并不完全排斥抽象逻辑思维方式的作用。所以，在一定意义上可以说相当于人类认识的感性认识形式。但是，非理性思维方式并不是对理性思维方式的形而上学的否定，同样道理，非理性思维并不等同于人的感性认识形式。这就是说，非理性思维方式是本质上不同于理性思维方式的一种复杂的思维方式，正是在这个方面，与理性思维方式相比，非理性思维方式具有自己特殊的认识论功能。非理性思维方式究竟具有哪些特殊的认识论功能呢？我们对一些比较典型的非理性思维方式进行具体分析，来解决这个问题。

## 一　直觉

在人类的非理性思维方式中，直觉具有典型的性质。什么是直觉？先从一个认识实践的例证来说明一下。许多人都会有这样的体验：当我们与一位陌生人初次接触，靠近他，亲自观察他的言谈举止，并且和他进行直接交谈，很快会得出印象：这是一个心地善良的好人！

反之亦然，在以后的交往中，这个初次印象还能够一再被证实。有人把这叫作“第一印象”，或者是“第一个感觉”。其实，这是人在观察、研究客观事物的过程中经常运用的认识方式，这个认识方式在认识论中一般被称为“直觉”（intuition）。直觉的本质是什么呢？有一种观点认为，直觉一词来自拉丁文 intueri，原义是“凝视”“观看”。在哲学中，直觉是指认识主体对客观世界复杂现象中的真相、本质、规律等，通过直接察觉进行把握和领悟的能力。这就是说，直觉在认识过程中有明显的感性认识特征，但是，它又是认识事物的本质、规律等的特殊认识形式。我们知道，人类进行科学研究的目的，就是要发现客观事物的规律。那么，采取什么样的方式才能完成这样的使命呢？对此，爱因斯坦曾经说过：“物理学家的最高使命是要得到那些普遍的基本定律……要通向这些定律，并没有逻辑的道路，只有通过那种以对经验的共鸣的理解为依据的直觉，才能得到这些定律。”[①] 可见，虽然在物理学家的研究中，直觉并不是唯一的认识方式，但是，在天才的发现中，直觉这样的认识方式却并不是可有可无的，甚至可以说是不可或缺的。

人类认识的实践已经证明，作为非理性思维方式，直觉具有特殊的认识功能。就人对客观世界的认识而言，在大多数情况下，我们首先是通过直觉这个方式来感知外界事物的。事实证明，如果完全排除直觉，我们将不可能真正认识客观事物。甚至可以这样说，直觉是人

① ［德］爱因斯坦：《爱因斯坦文集》第 1 卷，许良英等编译，商务印书馆 1976 年版，第 102 页。

类整个认识过程的基础。在人的认识过程中，与其他的一些认识方式相比较，直觉为什么会具有这样的特殊功能呢？很显然，这是由直觉认识方式的特殊性决定的。

人们通常认为，人的思维的最终目标是获得对人的本性或者对事物的本质和规律的真理性认识，而且一般来说，是要靠哲学上所说的理性思维，即通过形成概念、进行判断和推理这种逻辑思维过程，从现象到本质，一步一步才能达到的。但是，直觉这种认识方式即思维方式，却与此截然不同，它没有这样复杂的认识过程，它简单、直接，甚至能够直接得出某种认识结论。这是直觉思维方式的特点，也是它的一个优点。由于直觉思维方式的这个特点，哲学家们把它与理性思维相区别，认为它在本质上是一种非理性思维方式。

我们应该怎样认识直觉这种非理性思维的本质呢？不同的哲学流派对此有不同的观点。在这方面，法国哲学家柏格森所谓“生命哲学”的观点，很有代表性。柏格森认为，凡是有生命之处，就有直觉意识，直觉与生命是同一的，是人的一种本能。柏格森认为，直觉就是使主体自身置于认识对象内部，以便与其中无法表述的、独特的真实性相互融合，从而不经过任何间接环节的一种思维活动，就是“心灵对心灵的直接注视”，直觉思维是生命本身的内部冲动。柏格森说：“所谓直觉就是理智交融，这种交融使人们自己置于对象之内，以便与其中独特的、无法表达的东西相贯通。”他还提出：“在直觉中，我将不再从我们所处的外部来了解运动，而在运动所在的地方，从内部，事实上就是从运动本身之中来了解运动。”这就是说，在柏格森看来，直觉是直接的、内在的一种特殊的思维活动。

这样，柏格森用他所谓的“生命哲学”观点来解释直觉思维的本质特点，就使这种思维形式似乎有些神秘了，变得不可捉摸、难以想象了。其实，直觉本身并没有什么神秘的性质，它本来就是人所具有的一种思维形式。但是，作为一种非理性的思维形式，直觉的确与一般的理性思维形式有明显的区别。人们运用理性思维形式去认识客观事物或者人，需要通过抽象思维过程，对信息进行分析、选择，作出概括，形成概念，再经过判断、推理，最后得出结论。这就是说，正常的理性思维过程，应该遵循一定的逻辑规则和原则；而直觉却可以不受这些逻辑规则和原则的限制，而是通过直接的观察、个人的内在体认、敏锐的感觉，对事物的本质或者人的本性等等，迅速作出个人的独立判断。

这就是直觉与一般的理性思维方式之间的区别。那么，这个区别的实质是什么呢？这就是直觉不受逻辑思维规则束缚，在认识过程中，有着更大的自由度。也就是说，直觉是一种高度自由的思维方式，而思维的自由是思维具有创造性的根本条件。所以，人的直觉，在本质上是一种特殊的创造性思维方式。这就是哲学家们，尤其是那些决策者重视直觉认识方式的秘密之所在。

为了说明直觉的特殊价值，美国沃顿商学院的研究员提供了这样一个有趣的调查研究，试图来证明人的直觉究竟有多重要。他们的研究资料显示，在诸如交易市场和战场这样快节奏、复杂、高压力的环境中，直觉的重要性显得尤为明显。有一项研究邀请了华尔街的交易员与经验丰富的海军陆战队士兵，在虚拟战场上进行战争游戏比赛，令人惊讶的是，那些交易员在对抗中占据了上风。怎么会这样呢？似乎那些交易员有着更好的直觉判断力——他们能够更快速地嗅出危险并采取行动。那些有经验的士兵更习惯于遵循严格的规则。这个发现促使海军陆战队在复杂、动态的战场环境中减少对正规分析的依赖，促使指挥员更加依赖直觉。我们在体育的许多领域中也看到了相似的直觉过程，如登山、皮划艇、赛车或冲浪等，它们都将活动的知识和经验转化成了一系列的直觉反应和动作。

从这里我们可以看出，直觉是人们在变幻莫测的环境中，在对实际情况的直接体察中，能够迅速作出判断的一种综合能力。这就是说，直觉并不神秘，是普通人都能够获得的。但是，它的形成也必须具备一定的条件，即人们的行为敏捷，反应灵活，思考深刻，看问题尖锐，而这些优秀的心理素质又必须以丰富的经验、渊博的知识和足够的人生阅历作为基础，这样，人们才能在关键时刻显示出惊人的直觉认识能力。

不言而喻，对于那些处于风险环境中的领导者、指挥者，特别是当他们需要迅速作出判断，或者是需要临机处决的时刻，直觉认识能力具有特殊的价值。但是，还要记住一点，直觉毕竟是一种非理性思维形式，它可以成为理性认识一个有力的翅膀，但它不能代替全部理性认识。这就是说，我们应该重视直觉，但是却不应该迷信直觉，否则，有时候它也会使我们误入歧途。

（原载于《学习时报》2012 年 12 月 24 日）

## 二　想象及想象力

在现代社会生活中，由于更多的变化和复杂性，由于内外因素的作用，常常会出现一些令人捉摸不定的现象。这就是说，在时间和空间上，真正把握现实社会生活的本质和规律，并不是轻而易举的事情，需要有艰苦的认识过程。很显然，其中要运用包括理性认识和非理性认识在内的各种特殊的认识方式。认识实践证明，人的想象及其想象力，恰恰具有难以想象的特殊认识论功能。所以，这里我们要专门研究一下想象这种非理性思维方式的本质和特殊认识论价值。

### 1 想象

什么是想象？一般来说，想象是一个心理学上的概念，它是指在知觉材料的基础上，经过新的配合而创造出新形象的过程；或者说，想象是指对于不在眼前的事物想出它的具体形象，比如设想等。[①] 进一步还可以提出，想象是人们头脑中原有的表象经过加工改造和重新组合而产生新的形象的心理过程，是一种高级复杂的认知活动。形象性和新颖性是想象活动的基本特点，它处理图形信息的主要形式，是以直观的方式呈现在人们的头脑中，而不是以词语、符号以及概念等方式呈现。从目的性来看，想象有随意想象和不随意想象。从内容新颖度看，有再造想象和创造想象。从想象和现实的关系看，有幻想、理

① 中国社会科学研究院语言研究所词典编辑室编:《现代汉语词典》(修订本)，商务印书馆1997年版，第1376页。

想、空想等。

从思维形式上看，人的想象往往具有超现实性的，甚至是非现实的、虚拟的性质。但是，常识告诉我们，人的想象是在广泛的感知、丰富的经验、渊博的知识的基础上产生的。可见丰富的知识是想象的基础。没有知识基础，毫无科学根据，漫无边际的想象只能是毫无意义的空想。但是，人们的想象确实不同程度地脱离了现实生活，比如说，某些想象的东西，虽然从总体上说，可能十分荒诞，是现实世界中没有也不可能有的，但构成这个整体的材料，却总是来源于客观现实的，归根到底是有客观根据的。这就是说，作为认识形式的想象，是人对现实的一种反映方式。

一般来说，想象的作用表现为想象力。所谓想象力，从概念本身来说，那就是人的想象所具有的能力。所以，可以给想象力下这样的定义，想象力指在知觉材料的基础上，经过新的配合而创造出新形象的能力。[①] 由此还可以进一步提出，所谓想象力就是人们在已有知识的基础上，通过分析和综合的复杂思维过程，在自己头脑中创造出从未有过的观念或者思想画面的能力。

我们知道，爱迪生有丰富的想象力，所以，他每年都有发明创造。《西游记》的许多故事，也充满了作者的丰富想象力。这就是说，想象力具有思想的超前性、深远性，因而能够给人们开拓出新的思考空间，它显示了人的思想能力的无限性。所以，想象力是一种创造性思

---

① 中国社会科学研究院语言研究所词典编辑室编：《现代汉语词典》（修订本），商务印书馆1997年版，第1376页。

维能力。

人们的想象力的程度，从根本上说，是以他们的知识和经验为基础的，也就是说，知识贫乏、没有基本人生经验的人，不可能具有丰富的想象力。但是，知识和经验又不能说明想象力的高低，甚至在一定的意义上说，想象力比知识和经验更重要。固然，没有知识基础，毫无科学根据，漫无边际的想象只能是毫无意义的空想，但是，知识和想象又不是一回事，知识只是激发想象力的前提，有的人虽然知识很多，但思想僵化，见解和观念陈旧，不能充分利用已有的知识展开自己想象的翅膀，结果却变成了知识的奴隶。发明家爱迪生，没有念过多少书，知识是靠自学得来的，但他有丰富的想象力，能充分利用自己占有的知识进行创造性的想象，并通过思维把想象变成创造发明。他一生的创造和发明达2000多项，而与他同时代的很多知识不亚于他的学者，却一生默默无闻。所以，有一位科学家说，构成我们学习最大障碍的是已知的东西，而不是未知的东西。意思是说，人们不能被已有的东西或知识所束缚，而是要立足于已有的知识，大胆幻想，发挥自己的想象力，提出新颖独到的新见解。

我们现在所说的想象力，已经从一般的心理学概念，引申为哲学、文学、美学，甚至是社会学、政治学、文化学的概念。甚至就其实质而言，也可以说是管理学的概念、领导学的概念。因为想象力是一种以哲学思维为基础的文化修养，是一种智慧。而从本质上看，想象力是人的一种特殊创造性能力。作为想象力的创造性能力实质上是一种自由的思想能力，或者是思想的自由。所以，思想如果没有自由，那么，想象力是无从谈起的。很显然，那些拘泥于条文的人，必然缺乏想象力。这就是说，有想象力的人，不受任何束缚，没有了各种羁绊，能够具有一般人所难以想象的自由思考能力。

那些具有很强的想象力的人，之所以会激发出自己的创造性智慧和能力，一个重要原因是他们对自己所从事的工作，没有刻板的计划方案，也没有固定不变的目标，而是把自由的追求作为自己奋斗的方向。可见，想象力就是这样一种以思想自由为基础的创造性思维过程。

英国学者约翰·阿代尔在其名著《领导艺术》一书中总结了具有创造性的人才的一些特点。他认为，那些有独创力的思想者必须摆脱那种为实现目标而进行思维的框框，虽然那么做对其他主要的思维形式或模式是必要的（而且在社会上和经济上会带来很大好处）。20 世纪 30 年代，心理学家马里昂·米勒以"乔安娜·菲尔德"为笔名，很有价值地描述了她的头脑是怎样工作的。她对自己"怎样开始琢磨"是这样描写的："……生活是否太复杂了，无法使它只有一个公式化的目的，它是否会闯开自己的道路，或者，如果这种目的太强，生活是否会变态，就像树干被铁箍拴住的橡树一样，长得七扭八歪？……（我开始猜测，我的自我的需要是求得平衡，我需要阳光，但不要太多；需要雨水，但不要没完没了。如果总是吃一种东西，就会感到腻味；如果某一种经历过多，同样会生厌。我的自我有它自己的智慧，我多么希望能把它解释清楚）因此，我开始重新认识自己的生活，它不是为了慢慢地取得成就以实现预定的目标，而是为了逐渐发现和发展一种我并不了解的目的。"

米勒把她的“发现”与一些小册子作对照，这些小册子告诉她如何给主要的目的和各种从属的目的下定义。但是这番内省显示出她的思想一直是犹疑不定的。她接受这种趋势需要一定的时间，“但我至少已开始认为我最大的需要可能是不要再去追求成就——如果我敢于这样做的话。那么，我就可以在不受任何影响的情况下认识到其他更有根本意义的目的……某种由于自己的本性而产生的东西”[①]。从这里我们可以看出，米勒思维方式的特点，是基本上不受任何既有思想框框和现成公式约束的，这就使她有了更大的自由想象的空间——发挥出她的创造性智慧和能力。

与此相类似的，是美国心理学家 J.M. 索里、C.W. 特尔福德对有创造性的人的思维方式特点的描述。他们提出，具有高度创造性的人的主要特征是：

观念的灵活性。创造性包含着能超越传统的知觉与思维方法。事物必须用不寻常的方法加以觉察。知觉的范畴必须具有流动性。在广阔的认知水平上，这种灵活性曾被称为“无偏见性”（open-mindedness）。创造性活动要求一个人能自由地往返运动于幻想与现实之间。他必须严肃认真地能够并且愿意接受那些违反“常识”的观念与假设。有创造性的人很欣赏那些幻想的，甚至是滑稽有趣的、异乎寻常的可能性的因素。在流动而广阔的范围内产生的可能性，为以后进行更精密的评价提供了大量的假设。关于有创造性的人的特征的研

① ［英］约翰·阿代尔：《领导艺术》，高志凯等译，东方出版社 1988 年版，第 202—203 页。

究，以及具有高度创造性的人关于自己体验的报告都一致认为：一种对于无拘束的猜想的高度容忍精神，一种肯于扩展甚至乐于超越平凡与现实的志愿，以及一种接受不一定有的和不可能有的事物的倾向是创造性的必要成分。

个人的独立性。一个有创造性的人，相对地说，不受习俗的限制和约束。他是一个有节制的不顺从者。可是，他的不顺从性和不随俗性，一般说来，是限制在他的创造性生产力的领域之内的。他实际上既不是一个顺从者，也不是一个不顺从者，而是一个独立的人。我们说他是一个独立的人，指的是他并不特别关心别人想什么和说什么，他并不专心注意别人对他的印象怎样。他是相当自由自在的。他是高度地面向工作而不是面向自己的。

独特的性别角色意识。有创造性的男子能够展现和显示男性或女性的理智和文化兴趣而没有踌躇之感。有创造性的男子能够分享和表现他的男性和女性的特质。他不那么完全以男性自居，也不那么受男性身份的限制。

对暧昧不明事物的容忍。有高度创造性的人，其独立性表现为他对于生活中暧昧不明事物的高度容忍和肯于接受不甚明确和复杂的东西。他确实不认为有必要对问题强下结论，盲目地对待显然矛盾的事物，以及对于生活中的难题在知觉上和概念上强行简化。有创造性的人特别倾向于承认、接受，甚至欢迎错综复杂的事物。他们的知觉宁愿大大地倾向于一个“复杂—简单”和“对称—不对称”的连续体的复杂而又不对称的一端。有创造性的人显然是在受着紊乱而复杂的事物的挑战。他对于明显的混乱并不过于感到焦虑，他能够实事求是，而不以歪曲现实的方式来处理混乱事物或对难题勉强予以武断和虚假的、简单而草率的“解决”为满足。

对于错误的容忍。一个人如果在思想上和行动上都具有独创的和革新的精神，那他就必须不怕犯错误。对于一个问题广泛地提出可供选择的诸多解决办法，以及保持一种松弛的沉思态度，这两者乃是有创造性的人的特征，它们都要求不必过多顾虑错误的危险性。这并不意味着有创造性的人都把错误看作无关紧要的，而是说他把一项假设或结论发生了错误的迹象看作一个信息，而不看作是个人的一种耻辱或失败。一个具有巨大能力来提出多种可能性，并能自由地表现自己热情地关怀这些可能性的人，对于所犯错误一定会有高度的容忍精神，而且在从容忍错误到拒绝错误的态度变化上是灵活的。

不过分重视社交能力。有高度创造性的人并没有很高的社交能力。他给人的印象常常是不合群的或反社会的。一般说来，有创造性的人既不是不合群的也不是反社会的；与常人相比，他只是不大关心由要好的同辈赞许而得到的那种愉快安全感而已。反面的评价或社会排斥的威胁并不能引起这种人的惊慌。相对于外部世界，他更关心内部世界。有高度创造性的人即使得不到任何人支持也不会感到过分不安。他对自己所热衷的那个问题的要求比社会环境对他的评价更为敏感。如此等等。[①]

---

① ［美］J.M. 索里、C.W. 特尔福德：《教育心理学》，高觉敷等译，人民教育出版社 1982 年版，第 288—291 页。

这里说的“观念的灵活性”“个人的独立性”“独特的性别角色意识”“对暧昧不明事物的容忍”“对于错误的容忍”以及对社会评价的不以为然等态度，其本质特点是思维没有框框，不受任何束缚，这样，他就会为自己开辟出无限广阔的自由想象的空间——这恰恰是创造性思维所必需的条件。这就是说，具有丰富的想象力的个体，他们的一些主要特征是，这些人的言行具有鲜明突出的个性，这些人的思考具有无限广阔的时空维度，这些人的思考对象是千变万化的，等等，所以，他们几乎不受已有的条件或者观念的束缚。

### 2 想象力及其重要价值

许多人深深感到，我们目前的各方面工作，在相当多的领域中，由于没有给人们留下创造性思考问题的余地，束缚了人们的手脚，因而不适应经济、政治、文化快速发展的要求，成为深入改革开放的一大障碍。这种状况的形成，固然有许多客观原因，但是，我们的管理思维落后、保守，则是一个突出原因。因此，继续解放思想，是一件刻不容缓的事情。人的想象力的实质，是思维的一种创造性智慧能力。所以，发挥想象力，增强思维的创造性，是有迫切意义的工作。

许多情况说明，想象力是一种非凡的创意，是一种异想天开的创造性思维活动，是一种带着几分天真的幻想和梦想，是一种随时都能够激发出的灵感。作家葛红兵说，“你有多大的想象力，你就会有多大的成就”。当然，对这个说法不应该作绝对化的理解，但是，一位领导者如果毫无想象力，那么，在他的面前，肯定是没有多少可供选择的机会的，他很可能常常会在一条死胡同中出不来，甚至会在一棵树上“吊死”！那些伟大的领导者就不同凡响。邓小平在谈到解决外交困境的时候说过：总要从死胡同里找个出路。

人们常说，在政治斗争中的胜利者之所以胜利，是因为他的立场正确，他的事业是正义的。一般情况下，这个道理是对的。但是，政治斗争中的胜利者，还需要另外一些条件，即政治家的聪明、才能，这集中表现在他的创造性智慧和能力上，而在那些复杂多变的政治斗争中，丰富的想象力，则是一个不可缺少的条件。

由于整个世界在经济、政治、文化等领域的深刻变革，我们在管理工作方面遇到了许多前所未有的难题；但是，社会的空前变化，也给我们带来了无限的选择机会。困境与机遇同在，这就要求我们发挥自己的想象力，充分运用各种各样的有利机会，最大限度地展示我们的聪明才智，把我们的工作能力提高到一个新的水平上。

历史经验反复教导我们，要提高政治水平，归根结底取决于政治家素质的不断提高。就我们相当多的领导干部的思想能力这方面的情况来看，缺乏想象力，是个比较普遍的问题。我们可以就此作一个对比：缺乏想象力的人，一般都思想贫乏，他们讲话，是照本宣科，毫无感情，味同嚼蜡；他们写文章，是八股腔调，套话连篇，索然无味。而具有想象力的人，则常常是出语不凡，而又意味无穷。可见，有没有想象力，人的吸引力是完全不同的。可想而知，一位缺乏吸引力的政治家和企业家，他的能力是很难发挥出来的。

如果进行认真的分析就会发现，一个人有没有想象力，这反映的是一种文化上的差异。这就是说，想象力的有无、多少，取决于文化修养的基本状况。所以，培养想象力，增强想象力，一个根本途径是加强自己的文化修养。这是提高政治家的素质、从而提高政治水平的根本出路之一。所谓加强文化修养，自然是要使自己的知识更加丰富起来。

大科学家爱因斯坦说过："想象力比知识更重要，因为知识是有限的，而想象力几乎概括了这个世界的一切，它推动技术进步，它甚至是知识的源泉。"[①] 他还形象地比喻说，灵感轨迹是思维的代数学。现代创意产业之父，英国经济学家约翰·霍金斯 2006 年 5 月下旬在北京的一次演说中提出，"创意经济的基础是那些使用自己的想象力、梦想和幻想的人"[②]。这就是说，想象力之所以比知识更重要，是因为想象力的价值在于，它给予你的不仅仅是话语本身，而更重要的是给了你无限的思考（想象）空间、无限的选择机会，即提供给你一个随意创造的天地。

想象力丰富的人，他们的创造性才能，往往是超出一般人的想象程度的。这里举几个例子说说。有资料显示，写出脍炙人口的《岳阳楼记》的范仲淹，其实并没有到过洞庭湖，据说是别人给他画了一幅洞庭湖的图给他参考，就是在这样的情况下，范仲淹创作出了《岳阳楼记》这一千古名篇。人们自然会问，他既然没有看见过洞庭湖，怎么能够写出洞庭湖的万千气象呢？这显然是发挥了他丰富的想象力。

① 孙武臣：《是什么束缚了想象的翅膀？》，《光明日报》2009 年 8 月 20 日。

② 陈祖芬：《想象力比知识更重要》，《光明日报》2006 年 8 月 27 日。

但是，想象力也不是完全没有任何客观根据的，因为你虽然没有去过洞庭湖，一般的湖你总会见过吧。2009 年 5 月笔者到台湾旅游，听台湾的导游先生说，虽然你们大陆同胞没有到过阿里山，但是许多人都听过《阿里山的姑娘》这首歌，不过，我要告诉你们一个秘密：《阿里山的姑娘》的作者并没有到过阿里山，很自然地，他也没有看见过阿里山的姑娘。导游先生说的这个“秘密”，再一次说明了人的想象力的重要价值——它能够使人充分发挥出自己的创造能力。当然，也有一个道理是相同的：作者虽然并没有看见过阿里山，但是别的山他总是见过的，虽然并没有见过阿里山的姑娘，其他地方的漂亮姑娘他总是会见过的吧！

想象力不但在思想上能够发挥出巨大的力量，而且在一定条件下也能够在实践中成为一股无形的动力。笔者看到一则小品讲了这样一个故事：一位撑竿跳选手一直苦于无法超越一个高度。他失望地对教练说：“我实在是跳不过去。”教练问：“你心里在想什么？”他说：“我一冲到起跳线，看到那个高度，就觉得我跳不过去。”教练告诉他：“你一定可以跳过去的。把你的心从竿上撑过去，你的身子就一定会跟着过去。”他撑起竿又跳了一次，果然一跃而过。①

许多事实说明，在必要的客观条件具备的情况下，一个想象力很丰富的人，是可能创造出人间奇迹的。想象力在文艺创作中的重要价值是如此，在社会科学研究中也应该是如此，甚至在政治生活和政治

① 见《参考消息》2009 年 4 月 15 日载《智慧小品 4 则》。

斗争中，也是如此。因为对于政治家来说，想象力是他们创造性人格形成的一个必不可少的要素。

想象力从根本上说，与幽默感有一个共同之处，即它们都是一种高超的语言艺术，表现出的是高超的思维能力——高超的创造能力。在这方面，诗人的想象力，是值得我们效法的。比如，郭沫若的诗中，将遥远的银河比喻为“天上的街市”，想象力何等丰富！当然，我们不可能都成为诗人，但是，学习诗人的思维特点，扩大自己的想象空间，增加自己思考问题的不同角度，自觉培养自己的想象力，则是很有益处的。当然，有人说，我们今天已经不是诗歌的时代，而是发财的时代、成才的时代、机遇的时代、速成的时代、一夜成名的时代、两眼发黑的时代！这当然从一定角度反映了时代的变化，但是，这绝不能反映我们时代的本质特征，因为，人类在任何时代都不可能完全失去他们固有的创造之源——想象力。

想象力丰富的人，思路敏捷，在危机中能够急中生智，像邓小平说的，总要从死胡同里找个出路。常言道，我们为什么必须在一棵树上“吊死”呢？出路总会有的，办法总会想出来的——一定要跳出圈子想问题！

现代社会的政治生活经验告诉我们，那些大有作为的政治家和领袖人物，大都是一些想象力极为丰富的杰出人物。我们已经看到，毛泽东的诗词就能够充分地显示出这位伟大政治家创造性的人格特征。比如说，在其年轻时代的作品《〈湘江评论〉创刊宣言》中，就有脍炙人口的句子：“时机到了！世界的大潮卷得更急了！洞庭湖的闸门动了，且开了！浩浩荡荡的新思潮业已奔腾澎湃于湘江两岸了！顺他的生，逆他的死。”[①]在泡尔生《伦理学原理》一书中，有这样一句话：“…… 世界一切之事业及文明，固无不起于抵抗决胜也。”青年毛泽东在阅读批注中写道：“河出潼关，因有太华抵抗，而水力益增其奔猛。风回三峡，因有巫山为隔，而风力益增其怒号。”[②]他还发挥道：“盖人类之势力增加，外界之抵抗亦增加，有大势力者，又有大抵抗在前也。”[③]“圣人者，抵抗极大之恶而成者也。”[④]这些极富想象力的词句，反映出在青年毛泽东看来，抵抗、竞争，这是人类文明发展的强大动力，还反映了作者的智慧、胸怀和思想深度。后来在中国人民革命战争时期，毛泽东的一些著名诗词中，也有很多读后令人震撼的名句，比如：“山，快马加鞭未下鞍。惊回首，离天三尺三。”“山，倒海翻江卷巨澜。奔腾急，万马战犹酣。”“山，刺破青天锷未残。天欲堕，赖以拄其间。”[⑤]这些美妙的句子，把本来是凝固的山写活了，想象力是何等丰富！同时，读者从中还可以看出，这位大政治家有着多么大的气魄！

想象力对于现代政治家来说，尤其重要，而且还可以说是不可缺少的基本政治素质。没有想象力的政治家，不可能有预见，更不可能有远见，而这样的政治家特别是主要领导者，很难把握政治发展的主

① 《毛泽东传（1893—1949）》，中央文献出版社 2004 年版，第 51 页。
② 《毛泽东传（1893—1949）》，中央文献出版社 2004 年版，第 31 页。
③ 《重读毛泽东，从 1893 到 1949》，人民出版社、中国少年儿童出版社 2017 年版，第 36 页。
④ 《毛泽东传（1893—1949）》，中央文献出版社 2004 年版，第 31 页。
⑤ 《毛泽东诗词史话》，东方出版社 2004 年版，第 140 页。

导权。比如，在当今社会发生的突发性群体事件面前，许多领导干部常常显得很被动，手足无措，有的地方因为没有及时正确处理而形成政治事件。这个经验教训本身说明，由于没有一点预见，没有一点远见，缺乏想象力，因而对于事件的起因、基本发展趋势都毫无已见，当然也就不能提出有效的应变措施，这对于现代政治家来说，是个致命的问题。

### 3 冲破一切束缚，充分发挥我们的想象力

教育进展国际评估组织对世界 21 个国家的调查显示，中国孩子的计算能力排名世界第一，而创造力却排名倒数第五。青少年时期，创造力更多地体现为想象力。创造力的匮乏，无异于想象力的匮乏。那么，是什么束缚了青少年想象的翅膀？审视一下现实，就不难找到此问题的答案。畸形的应试教育，让孩子们气喘吁吁，沉溺于高分数的竞争和记忆性知识的重复之中。进入大学前，连喘息的机会都得不到的孩子们，如何在想象力最丰富的阶段展开他们想象的翅膀？也许大家还记得一则故事：一个小女孩把弯弯的月亮比作长长的香蕉，妈妈认为孩子的想象很形象也很有人情味，但另一个小女孩却说，“错了，我们老师说了，标准答案只有一个，就是书上说的像小船”。有老师嘱告高考生，作文时宁可四平八稳，也不要独树一帜。[①] 很显然，这样的一些说教，实际上已经为孩子们形成不变的思维定式，规定了千篇

① 孙武臣：《是什么束缚了想象的翅膀？》，《光明日报》2009 年 8 月 20 日。

一律的答案，排除了想象的可能性。这样，也就等于扼杀了人们的创造性。

上述应试教育的培养模式，之所以说它扼杀了人们的创造性，是因为它完全违背了人类思维创造性的本质要求。比如，作为创造性智慧之源的想象力，它反映出的人类思维张力是并没有任何框框的，并没有任何时空范围限制，不必遵守任何成规，不受任何已有观念的束缚，也就是说，它在本质上是完全自由的。由此，我们还能够进一步认识到，作为创造性根本动力的想象力是对一元化的、封闭的思维方式的突破，比如，是对传统的经典意识、道统意识等的否定。所以，人类的想象力，它在本质上是一种多元化的、开放的思维方式，因此，它成为创造性智慧能够得以发挥的根本动力。所以，为了培养出具有创造力的人才，必须排除束缚想象力的培养模式。

认真审查一下就会发现，我们的高等教育模式，实际上也没有完全克服束缚想象力这种弊病。我们应该认真反省的一件事是，一些高等学校连续发生了从校长到研究生的“抄袭丑闻”，引起学术界的震惊。不过，如果仔细研究其中的深层次原因，就会发现，其根源还是在高等教育体制和培养模式上。一个重要的事实是，高考时完全靠高分竞争，而进入高等学府之后，青年们又要为学位论文能够通过答辩而努力。在这里，我认为有一个现象值得我们警惕：全社会大肆吹捧甚至奖励所谓的“高考状元”，这是提倡什么呢？“高分”！至于真正有才华的青年，有创见的人才，则不在全社会的视野之中！就是在历代的封建社会中，那些“状元”与后来被证明是大有作为的人才，也并不是一回事！我们应该克服科举制度的这类弊端，创造出一种开放的教育制度、自由的培养模式、开放的学习方法，把青年人的想象力——创造能力真正解放出来！

法国生物学家贝尔纳说：“构成我们学习最大障碍的是已知的东西，而不是未知的东西。”这就是说，人们不要受原有知识的束缚，而是要在原有知识的基础上大胆想象，才能创造出新颖的思想。在这一点上，我们教育模式的弊端是，花大量时间灌输已知的东西，结果，青年们的想象力被陈旧的知识淹没了。

再看看我们包括政治家培养在内的干部教育体制和教学模式，实际上也存在着不少类似的弊端。对青年干部的培养，比如政治理论教育，基本上是一元化的、封闭式的教育方式，总是在“统一思想”上下功夫，这样，培养出的干部大多是“听话”的，上级领导自然喜欢。但是，一到了要解决棘手难题，需要应变能力的时候，他们就不管用了。因为这些干部的根本问题是太缺乏想象力，太没有创造性能力了。所以，在越来越复杂多变的国内外形势中，我们一代一代政治家的培养模式，也应该进行改革，要把解放想象力放在重要位置上，努力培养出具有创造性人格的新型政治家。

时代在前进，社会在发展，价值观在不断变革，思想方法在不断更新。这是一个规律。所以，笔者还是说一句老话：我们在生理上是必然要老下去的，但是，人的思想和思想方法则不应该相应地狭隘、僵化、老化。因为，开阔的胸怀、年轻的心态、与时俱进的思想、不断更新着的思想方法，这是我们的事业成功的一个根本保障。

［原载于贾高建主编：《哲学与社会》(5)，中国社会科学出版社2012年版］

## 三 悟性——重视自己的悟性能力

笔者曾经有过这样的经验，在对一位学生进行入学面试的时候，常常要考察一下这个学生的悟性如何，并且把这一点作为一个重要条件加以考虑。比如，有些学生虽然读了不少书，也积累了比较多的专业知识，但是，对事物认识的悟性却比较弱，这样的学生作为继续培养的对象是并不理想的。为什么呢？这是因为，悟性的强弱，可以反映出一个人创造能力的强弱差别。正如一位业绩卓著的企业家说的，世界上最成功的人，一定是悟性最高的人。

什么是悟性？关于这个问题的回答，可谓众说纷纭。有一种说法是，悟性类似于直觉，是一种非理性认识能力，比如，佛家说的顿悟，就是如此；或者说，悟性类似于想象、联想等，是一种形象思维方式。他们认为，这后两方面的例子是文艺创作过程中的情况。如此等等，对悟性的这些描述，说明悟性是一种比较直接、快捷的认识方式。

悟性认识的本质特征是什么？通过悟性的方式对人和物的本性的认识，是在自身体验的同时对客观对象的洞察，是主观与客观融为一体的整体体验中的一种全面理解，即人们常说的“大彻大悟”。这里的“彻”和“悟”，既包括了对自身的真切理解，也包括对客观对象的直接认识，同时也是在自身与客体之间的关系上，对自身与客体的全面、具体认识。因此，所谓“大彻大悟”，是说一个人什么都明白了！这就是说，悟性认识要求人们尽心尽力地、用自己整个身心去体验、去感受，从而在对自我与外界事物的统一中，达到一种新的认识水平和精神境界。

在充分认识悟性作为一种特殊思维形式的本质特征时，关键的问题是究竟应该如何理解“悟”的实质，而对此有各种各样的理解，所以才出现了上述各种观念。联系到“悟”，人们常用的概念有诸如“顿悟”“觉悟”“执迷不悟”等。其实，这个“悟”，并不是一个简单的认识过程，而是一个比较复杂的认识过程。当然，我们说某个人悟性强，理解问题很快、很敏捷，从根本上说，是指他能够比较迅速、准确地把握事物的实质。当然，如果一个人悟性强，他必须有长期的知识积累、经验积累、人生阅历的积累，才能具备这样的认识能力。

比如，一个刚刚出家的小和尚是很难顿悟的，而有修炼基础的老和尚才可能对那些艰深的佛学经典达到这样的认识。对一般人来说，这种“突然”的发现，必须是长时间潜心艰苦思考的结果。现代舞创始人、美国著名舞蹈家邓肯在回顾自己的舞蹈创作过程时，有这样一段自述：“我日日夜夜在工作室里潜心探索着一种舞蹈，它能够通过身体动作予人的精神以神圣的表现。我常接连几小时纹丝不动地站着，两手交叉放在胸口，遮住太阳神经丛。母亲见我一动不动，精神恍惚地持续那么久，往往惊慌失措——不过我还是在思索着，后来终于发现了一切舞蹈动作的中心弹簧、原始动力的火山口、产生一切动作变异的统一体、舞蹈创作的幻觉反映——就从这样的发现中诞生了我那流派的理论基础。”

由此可见，把人的悟性说成是一种非理性的思维方式，是不全面的。因为在悟性中，人的理性认识因素和非理性认识因素是结合在一起、相辅相成的。这就是说，一个人比较强的悟性，并不是某一种认识因素单独在起作用，而是各种主要认识因素综合起作用的结果。可见，人的悟性在本质上是一种综合性的认识能力。当然，其中理性认识因素是人的悟性的基础。但是，在人的悟性认识过程中，直觉、想象甚至幻想等非理性认识因素也是极为重要的，而且，看一个人悟性的强弱，关键是看这些非理性认识因素起作用的程度如何。比如，一个逻辑思维能力比较强的人，想象力却比较差，那么，他的悟性可以说肯定也是比较差的。

有一种观点认为，悟性是一种非逻辑思维，它并不遵循一般的思维程序，甚至可以说是一种跳跃式的思想方式。这样的说法对不对呢？应该说有一定的道理。在一般的情况下，悟性，或者说感悟能力，的确具有这样的特点，它并不严格地遵守思维的逻辑程序，因为其中有诸如直觉、想象等非理性认识因素在起作用。但是，我们必须知道的是，作为一种认识方法，悟性是一种比较强的理解能力，能够使人达到比较高的认识水平。很显然，一个人具有比较强的理解能力、比较高的认识水平，并不是单纯非逻辑思维的产物，它归根结底体现的是基本的思维逻辑原则，而这恰恰是理性认识的一个本质特征。

现实政治生活的经验教训证明，一位有所作为的领导人必须有很强的政治悟性，而这种悟性的集中表现，就是对复杂的权力博弈发展趋势能够迅速作出准确的判断，抓住根本利益之所在。很显然，具有这样的悟性能力，往往并不是一朝一夕的事情，而是要经过长期的政治磨炼和相关知识积累才能达到的思想升华。所以，政治悟性的强弱，是一个领导者领导水平的重要标志。

马克思主义领导者的政治悟性的主要表现，从根本上说，是对人民群众根本利益的敏感程度。这样的政治悟性，在现实的表现形态上，应该是以马克思主义理论为基础和以热爱人民群众为价值追求的结合，即深刻的理论认识与深厚的政治感情的统一。很显然，马克思主义的政治悟性，是感性认识与理性认识的有机统一，是感情因素与理智因素的正确结合。这就是说，一位没有基本的马克思主义理论修养、没有正确的政策观念的领导者，只凭着自己的热情和良好愿望，是不可能有很强的政治悟性的；反之，那些脑子里只有一些书本知识和死记硬背的政策条文，而对人民群众毫无感情的领导者，同样不可能有很强的政治悟性。

（原载于《学哲学用哲学》，中共中央党校出版社 2013 年版）

## 四 灵感——“一时的灵感抵得上一生的思考”

大科学家牛顿有一个广为流传的趣闻：因为一次玻璃制品的买卖，他吃了亏，所以他头脑里，一直在思考物体的重量与价值之间的关系这一类问题。在一个假期中，他回到母亲家里，像往常一样，在花园里一坐就是几小时，沉思着，想着这个世界为什么如此奇怪。有一次，像过去屡次发生的那样，一个苹果偶然从树上落下来。这个偶然发生的事件，使牛顿的头脑忽然开了窍！牛顿在解释苹果落地之谜时说了这样一句话：“宇宙的定律就是质量与质量间的相互吸引。”一位牛顿传记的作者这样评价说：“一个苹果的偶然落地，却标志着人类思想史的一个转折点。”

关于这个趣闻的记述有不同的版本，不过，大体上说的都是这件事，即苹果的偶然落地，引发了牛顿的灵感，使他产生了一个划时代的发现——提出了“万有引力定律”。从这个故事中可以看出，灵感对人是何等重要！牛顿长期苦思冥想而没有找到答案的问题，由于苹果偶然落地引起的灵感，一下子就解决了。所以，有人说“一时的灵感抵得上一生的思考”，这句话并不是没有道理的。

灵感是什么？灵感为什么会有这样奇妙的作用？这的确是我们应该认真研究的一个认识论问题。

因为灵感的内涵比较复杂，所以很难作出准确的界定。按照字面的解释，灵感就是灵机一动的感觉。但是，作为一种认识过程，灵感又不那么简单，它不仅有感性认识因素，还有从感性认识到理性认识的因素，要经历由非理性的认识方式到理性认识的认识方式的过渡。然而，这样的认识过渡，是跳跃式的、突发式的。这就是说，灵感这样的认识方式，具有敏捷、快速反应的特点，因此，它能够在一刹那的闪念中，显示出惊人的洞察力，敏锐地透过现象认清本质，而产生伟大的科学发现。

这样说来，灵感岂不是一种神秘的认识现象？如果认真研究一下那些大科学家、大思想家的科学研究历程，就会明白，灵感的得来，并不是一个不可想象的神秘过程，而是艰苦的创造性劳动的产物，是长期以来研究、积累、思考的思想升华。可想而知，许多人都看见过苹果落地的现象，为什么只有牛顿才产生了灵感而有了伟大发现呢？这是因为他刻苦好学、知识渊博，一直在不断地思考这个问题，于是，偶然的苹果落地才能引发他的灵感发现。

许多人的灵感发现，有一个明显的特征，就是他们对自己研究的问题非常专注，注意力高度集中，甚至达到了如痴如醉的状态。在这样极为专一又极为兴奋的精神状态中，一旦某种相关的诱导因素出现，那就会马上引发他们的创造性灵感。

对于灵感的创造性思维特征，有的学者提出了一个被称为“啊哈”效应的假设。尽管就人如何通过灵感发现解决问题的方法已经有了各种论述，但是，人们对于灵感的本质却不甚了了。德国学者萨斯查·托波林斯基和挪威学者罗尔夫·雷伯的研究提出，灵感一来，大脑中突然闪现出一个解决问题的方法——这就是著名的“啊哈”效应，也是人们在解决问题时常有的一种特殊认知经历。根据有关灵感的各种文献资料，可以列出灵感具有的以下四个主要特征：

——突然性：这种经历是突然出现的，且稍纵即逝；

——轻松：与以往遭遇障碍的经历相比，这种解决问题的过程非常轻松顺利；

——积极效应：灵感能够产生积极效应；

——自我感觉良好：在灵感闪现后，当事人认为这种解决问题的方法是可行的，并对之深信不疑，即使是在作出可行性评估之前。

最近的研究结果表明，经历的即时性能够引发良好感觉。此外，当信息处理过程很顺利时，人就会感受到一种积极效应，并认为这种信息是真实可靠的，尤其是在这种轻松处理信息的过程是突如其来时。学者的研究还提出，如果将这些研究结果综合在一起，一种假设就油然而生，即灵感是尝试解决问题期间或之后的一种经历。在这个过程中，有关问题的内容会突然在大脑中闪现，并提供一种快感、相信解决方法是可行的认知和相信这种判断的自信。

灵感的这种特殊认识功能，对于领导者培养自己的创造性思维方式，是有启发意义的。我们常常看到，一些领导人在深入实际、进行调查研究的过程中，常常会由于基层群众和干部的一个新举措、一个新思考，甚至是不经意间说出的只言片语，而受到启发、获得灵感，很快就提出某种创造性的设想。这样的例子，是屡见不鲜的。

不过，上述情况也给我们提出了一个尖锐的问题：为什么许多领导人也下基层、搞调查，却不见他们有什么灵感和创见呢？这是因为，他们的心思没有集中在工作上，或者进一步说，他们的调查研究只不过是例行公事，新鲜事物不能引起他们的兴趣，所以，灵感也就无从谈起了。这样的领导人，就是职位再高，也只能是一个平庸之辈。

这里的关键何在呢？简言之，曰“热爱”。事实证明，如果对事业没有热爱的感情，就不会有浓厚的兴趣，而没有兴趣，就不可能对事业全神贯注，当然，那也就不可能引发出灵感来。你想培养自己的灵感，使自己的思维方式具有独创性吗？那就从培养对自己所从事的事业的热爱开始吧！“热爱”会使人充满激情，对机遇极为敏感，引发出创造性的智慧之思。这就是灵感之所以形成的奥秘。

（原载于《学哲学用哲学》，中共中央党校出版社 2013 年版）

·第七题·

# 高科技发展中的哲学问题思考

在介绍这个问题之前，我们先就一个学术信息作一些评论。2020年9月25日《光明日报》头版发表了一条消息：9月24日“中国科学院哲学研究所成立”。这个学术性报道，自然引起了广泛的社会关注，人们不禁会提出这样一个问题：中国社会科学院已经成立了哲学研究所，中国科学院为什么还要成立哲学研究所？为了回答这个问题，同一天的《光明日报》八版发表了一篇记者署名报道《中科院为什么要成立哲学研究所》，报道中，用专家的说明详细地回答了这个问题。专家李树深的说明指出：

“在中国科学院建立哲学研究所，从哲学的高度把握科技进步的大方向，提升中国的科技原创能力，是中国特色社会主义新时代赋予中国哲学界的新使命。当代基础科学的前沿直接关联着众多重大的哲学问题。像物质之谜、宇宙之谜、生命之谜和意识之谜这类问题的澄清和解决，已经构成历史上罕见的重大科学革命的契机，并且需要科学家和哲学家来携手推进。当代的新技术变革，特别是信息技术、能源技术、生命技术、智能技术和空间技术的进展，正在重塑人类社会的产业结构和组织方式。当前我们国家正在实施创新驱动战略，推进以科技创新为核心的全面创新。如何突破科技创新的体制与机制障碍，同样需要发挥哲学思想的引领作用。”

中国科学院院长白春礼进一步提出：

“中国的科学发展要实现阶段性跨越，就必须紧扣科学前沿中的基本问题进行开拓和创新，而不能只是在已经建立的概念体系和研究路径上跟踪国际上的工作。为此，科学家必须提升自己的创造性思维能力，其中哲学学习和哲学思维的训练非常重要。”他还说，“在科学革命阶段，科学共同体需要建立新的范式，需要用新的概念之网来重新整理科学事实。而科学概念和思想的变革，有赖于科学家完成思维上的自我超越，这时候必然会涉及哲学上的争论，必然会在哲学思想中寻求灵感。”“任何科学理论的内核，都带有某些哲学预设。科学的发展往往会带来哲学观念上的变化，而哲学思想的变革也会为科学的洞见提供广阔的思想空间。可以这样来说，缺乏哲学的科学是盲目的，而缺乏科学的哲学是空洞的。正是科学和哲学的相互激荡，使得人类的思想一次一次突破和超越自我，造就了人类文明的辉煌。”①

我们应该满怀信心地预见这样一个全新的科学技术发展新阶段的到来，在这个新的科学发展时代中，人类社会的文明发展，迎来了全新的现代高科技时代，它把人的智力水平提高到了一个前所未有的历史阶段；同时也必须看到，在这个高科技时代，人类的发展也遇到了极为复杂的各种矛盾。这就是说，要充分发挥高科技的巨大能量，必

① 齐芳：《中科院为什么要成立哲学研究所》，《光明日报》2020 年 9 月 25 日。

须正确处理和解决这些空前的矛盾。这些矛盾的实质是什么呢？概括地说，这就是高科技发展中的哲学思维方法论问题。认真研究和深入解决高科技发展中的这些哲学问题，不仅对于推动高科技发展具有重要的现实意义，而且对于开辟哲学研究的新领域，促进哲学思维方式的更新，造就全新的社会文明时代，具有重要的理论价值。

## 一　系统论的哲学思维价值

我们完全可以这样设想：对于国家大剧院的总设计师来说，“国家大剧院”是作为一个庞大的建筑物总体呈现在他的思维之中的；而从设计的角度来说，这个庞大的建筑物，在他的头脑里，又是一个有机系统的存在物。我们还可以进一步设想：“国家大剧院”的每个有机组成部分，对于那一部分的设计师来说，也是作为一个相对独立的整体，呈现在思维之中的，并且也是一个相对独立的有机系统存在物。以此类推，每一个组成部分，对于那一部分的设计者，都是如此。这里所描述的，就是现代科学研究方法论中系统论所涉及的一个问题。

系统论是现代科学研究方法论的重要组成部分，同时，系统论对于哲学认识论也有重要的研究价值。这里的一个关键，是要深入了解“系统”范畴的内涵和本质。

什么是系统？作为系统论的一个基本概念，所谓系统，就是由若干相互联系又相互作用的部分所组成的具有特定结构和功能的有机整体。在客观世界和人的思维中，系统是普遍存在着的。比如，从基本粒子到整个宇宙，从自然界到人类社会，从社会到人，再到人的思维，都是如此。

同样地，系统也是一个哲学范畴。作为哲学范畴的系统，揭示了客观物质世界的一个本质特征，即物质世界的每个组成部分之间，都是普遍联系和相互作用的，由此而形成了一个大的系统；而每一个组成部分内部的各个部分之间，也是处于相互联系和相互作用之中的，相应地也形成了一个系统。以此类推，在物质世界的普遍联系中，任何一种事物，都是作为系统而存在着的。

客观世界的普遍联系和互相作用，并且每个相对独立的整体，都是一种系统的这种状况，就是事物发展在时间和空间中的表现形式，它从一个方面揭示了物质世界运动的基本规律。事物存在的这些特点，反映在人的头脑中，就形成了一种特有的思维方式，即系统观念，或者说是系统性的思维方式。那么，这种系统性的思维方式，有哪些主要特征呢？这些系统性的思维方式，对我们的实践又有什么样的价值呢？

在客观世界和人的思维中，事物系统存在的本质特征，反映在人的头脑中，就形成了一种整体性的思维方式，这是系统思维的一个突出特点。所谓整体性的思维方式，就是对于任何一种事物、任何一个人、任何一种思想理论，都要把它作为一个整体来对待，而且，这个整体是一个相对独立的系统，有自己的有机结构。实践证明，运用这样的思维方法，我们才能对客观对象有一个全面、深刻的认识，才能揭示出它的本质。

比如，我们要对一个企业的科研工作进行调查，首先应该把这里的科研工作作为整个企业全部工作的一个有机组成部分来对待，也就是说，绝不能离开整个企业的工作全局对科研工作单独进行调查。如果那样做，即使我们对该企业的科研工作调查得再细致，这个调查也不会成功。这是因为，该企业的科研工作并不是脱离该企业而孤立存在的，如果对该企业的整体情况没有一个基本了解，对该企业的科研工作就不能有真正的认识。同样的道理，我们要了解一个县的“脱贫”工作，如果对该县究竟是不是“贫困县”这个整体情况都不甚了了，又怎么能够对它的所谓“脱贫”工作有正确的了解呢?

任何一个系统存在着的整体，它的内部各个组成部分、这个整体与它的外部事物之间，都是在普遍联系和相互制约之中存在和发展的。这样，反映在我们的头脑中，就形成了联系和制约的思维方式，这是系统思维的另一个突出特点。所谓联系和制约的思维方式，这就是要把我们的认识对象放在与其他各种事物相互联系和相互制约的关系中来加以研究。这是因为，如果脱离了事物之间的关系，我们就很难认识该事物的本质。

在2008年前，我们在为办好北京奥运会而努力，人们已经认识到，奥运会究竟能不能办成功，这是受各种因素制约的。比如，北京市的交通状况如何、北京市的天气条件如何、北京市的城市治安状况如何，以及体育场馆的实用性状况如何，等等，都是决定奥运会能不能办成功的制约因素。因此，要把奥运会办成功，必须把与此有关的各个方面的工作做好。2008 年北京奥运会的成功，也是辩证法的系统思维方式，特别是联系和制约的思维方式正确性的一个有力的实践证明。

任何一种系统存在的事物整体，它的内部各个有机部分、各个环节之间，都是一种相对稳定的有秩序的存在。在一定的意义上可以说，我们是生活在一个有序的世界中，甚至可以说，我们每个人都是这个有序世界的关节点，存在于一个秩序严谨的网络中。所以，如果无视这样的秩序，或者甚至在思维中搞乱了它内在结构的有序性，我们就很难真正认识一个人或者一个事物的本质特征。由此，就形成了一种有序性的思维方式，这是系统思维的又一个突出特点。

这种有序性的思维方式，对于强化我们的民主意识和法治意识，是极为重要的。一般来说，民主政治和现代法治的一个本质特征，是它的程序性原则。所以，遵守一定的民主程序和法律程序，是保证权利主体利益得以实现的必要条件。反之，如果以某种理由破坏民主程序和法律程序，或者自以为有权，就可以无视这些明文规定的程序，不管其理由看起来多么高尚，到头来，都很可能由于破坏了民主程序和法律程序，而损害了权利主体的利益。在我们的现实生活中，这样的例子屡见不鲜。

（原载于《学习时报》2013 年 5 月 27 日）

## 二 论大数据时代的思维方式改造

目前，在报刊文献和各种媒体中，大数据这个概念，几乎是处处可见、不绝于耳；同时，学术界对大数据的概念内涵和分析框架进行了不同观点的学术研究，使人们对大数据的理性认识水平不断提高；有的学者认为，2012 年世界迎来了大数据元年，而 2013 年则是中国的大数据元年。正是因为如此，从世界到中国的学术界，特别是科技界，大多数人比较一致地认为，我们已经进入到大数据时代——一个全新的信息时代。

可见，这是一个值得我们欢呼的新时代，因为大数据将给整个社会的全面发展带来全新的动力。作为一种伟大的革命性动力，大数据的运行及其作用的发挥，一方面需要相应的社会条件，另一方面，它也必然会创造出自己所需要的全新的社会条件。很显然，要迎接这样的革命性的新科技时代，需要我们做好各个方面的准备，而其中的一个关键，是与社会体制变革相应的人们的思想变革。如果质而言之，这就是大数据时代要求人们的思维方式进行一次深刻的改造。

这个问题的解决，首先是需要我们对大数据这个概念有一个真正的科学认识。现在的一些权威性研究性机构和文献，在试图进行学术性的界定，其观点大体上是比较一致的。什么是大数据呢？在一些西方国家中，诸如美国、英国等的有关专门机构和专业刊物上，对大数据概念内涵这个问题提出了自己的解释，我国的有关机构，特别是专业学者，也提出了自己的一些独立的学术见解。综合起来看，基本观点主要是，所谓大数据是指一般传统工具无法处理的海量的、高增长率的、多样化的信息资源；大数据反映的是网络时代的一种客观存在，即那些难以用传统工具认知的有巨大挑战性的数据；大数据是指那种无法在一定时间内用常规软件工具处理的数据集合；如此等等。大数据是一种巨量的数据集，我们能够从中挖掘出各种有价值的信息，所以大数据日益受到重视。

从这些界定中可以看出，大数据是超出了传统意义上的、极其巨大的、具有特殊价值的数据信息资源。但是，对大数据这样的界定，仍然是一种实体性质的描述，所以，还不能说是揭示了它的本质。那么，大数据的本质究竟是什么呢？在笔者看来，所谓“大数据”，已经不是一种具体的物理时空概念，实际上是一种哲学理论层次上的科学概念。也就是说，大数据本身已经具有了高度的理论抽象性质。据此，我们还可以大胆作出这样的判断，大数据已经不是一种具体的物质实体，本质上是一种抽象的哲学概念。面对着物质发展的这个崭新世界——大数据，我们的那些常规认识方式，已经不可能深刻认识它的特殊本质特征了，这就决定了大数据时代，我们在认识领域中必须来一次思维方式的根本性改造。

大数据作为人类实践和认识的一种特殊形式、特殊成果，要求我们对长期以来形成的经验主义主观演绎思维方式进行认真改造，牢固形成客观理性的实证思维方式。

作为现代科学认识形式的大数据，标志着自然科学已经走进了理性认识即理论认识的领域，这本身意味着在这个问题上，我们必须克服方法论上的经验主义，而代之以客观理性的实证思维方式。对这一点，恩格斯是有先见之明的。他说过："经验的自然研究已经积累了庞大数量的实证的知识材料，因而在每一研究领域中系统地和依据其内在联系来整理这些材料，简直成为不可推卸的工作……于是，自然科学便走上理论领域，而在这里经验的方法不中用了，在这里只有理论思维才管用。"①

如果我们认真思考一下就可以明白，对作为现代科技发展高级阶段的大数据的研究和运用，仍然靠以经验主义为基础的那种演绎思维方式来进行，不走进理性的思辨思维即理论领域中去，显然是不行了。这就是说，面对大数据这个现代高科技形式，思维方式的这个根本改造，已经是不能回避的事情了。当然，在这里，我们所面对的大数据，毕竟是处理信息数据这样的客观问题，所以，不能搬用纯粹的理论思维，而必须运用以理性为基础的实证思维方式。这里所说的理性实证思维，是指以理论形态的信息数据这样的客观根据，来证明结论的真理性。认识论的经验教训告诉我们，这样的思维方式，能够在更高的理论层次上，达到追求真理的目的，从而避免经验主义思维方式的弊端。

大数据这样特殊的高新科技发展形式，它的正常运行和充分发挥作用，另一个重要条件，是要求我们克服各种各样实际上的封闭性思维方式，树立起真实的开放性思维方式。

很显然，大数据时代思维方式的这种改造，是由大数据自身的本

① 《马克思恩格斯选集》第 4 卷，人民出版社 1995 年版，第 284 页。

质特征决定的。我们可以看到，无论是一个地区、一个社会、一个国家，还是在世界范围，大数据的形成和运行，是以一种真正的开放形态存在着的。我们甚至可以这样说，不管是在什么样的范围里，如果没有真正开放的社会环境，就不可能有大数据这样高科技形式的真正存在，这样的现代高科技也不可能发挥它的特殊作用。

我们这里所说的大数据的开放性，是指它本身的无限发展特点。我们可以想象，就任何一个数据集合本身而言，无论是在时间上还是在空间上，不存在一种量的框框，因为它总是处在一个生生不息的发展过程中。这就决定了大数据的存在和运行，是没有边界局限的。也就是说，对大数据来说，不存在地区界限、国家界限。这个事实本身也在告诉我们，任何一种大数据，本身是开放性的存在，各种数据之间也必然是互相开放着的，否则，它们就不成其为大数据了。实践证明，大数据这种彻底的开放性本质，在思维方式的改造上是具有革命意义的。

大数据意味着极为丰富的信息资源，在这种巨大利益的诱惑面前，难免有人会产生各种各样的垄断意识，企图以权力来控制某一部分信息，据为己有。但是，这种信息垄断意识，即实际上的封闭意识，与大数据本身的彻底开放性质，是不相容的。相反地，大数据的这种特殊本质，要求我们必须以完全开放的心态对待它的运行和发展，从而形成与大数据本身相一致的广阔思想视野，这样才能把大数据真正视为各个地区、各个民族、各个国家的共同财富，互通有无，共有共享。这恰恰是真正的开放性思维方式的本质要求。

大数据时代的开放性思维方式改造，对于我们目前的社会科学研究，特别是马克思主义研究，是非常重要的，而且也是社会科学深入发展的一个契机。因为，我们在这方面的许多研究工作，实际上还是在封闭的状态中进行的，特别是在世界范围内，更是如此。事实证明，这样的研究方式，无异于把自己禁锢在某种理论框架中而走投无路，或者是陷入某种思想深坑而不能自拔。很显然，这样的理论研究，是没有出路的。出路何在？在广阔的开放视野中，放眼世界，走人类文明发展的共同道路。

大数据科技形式的正常运行、其作用的充分发挥，还有一个重要条件，这就是要求我们把长期以来那种僵化的一元性思维方式，改造为充满活力的多元性思维方式。事实证明，由大数据催生的这种思维方式改造，其意义远远超出了大数据的适用范围，它的深刻思想影响将在各个方面显示出来。

大数据为什么会催生思维方式的这种根本性的改造呢？这里涉及对大数据之“大”的科学理解问题。一般来说，数据之“大”，与数据之“多”是具有相同意思的。当然，这里说的“多”，并不仅仅是实体量的概念，而是数据一信息之质与量统一的表现形式。这就是说，大数据不仅是一种极为巨大数量的信息群，而且也是各种各样不同性质数据形成的信息集。这样，就必然形成各种各样不同性质的数据的独立并存，这就是我们称之为大数据的多元性存在之本来意义。很显然，大数据存在和运行多元性这个客观事实，要求我们对其所应该形成的正确思想反映，在逻辑上只能是多元性的思维方式，而绝不应该是单一性的僵化思维方式。

由于我们的特殊历史条件和体制上的弊端，这种固有的单一性的僵化思维方式，集中表现为所谓高度集中的和单一的权力结构。这种体制特点在思想领域中的反映，主要就是一元性的思维方式。所谓一元性思维，要害是保守僵化，最大的问题是缺乏起码的独立性，根源是不允许展现个性，没有个性当然就不可能有活力。

在这样的思维方式之下，有些人企图靠自己集中掌握的权力，按照自己的意志，能够做到“一声令下，万众一心”，形成一种“整齐划一”的局面。如果我们实事求是地面对社会生活的现实，就应该明白，这是一种一厢情愿的，而且是有害无益的思想。须知，任何一个社会，任何一个群体，不可能按照一个人的意志行动，不可能只有一种模式，不可能只有一个声音。否则，这个社会就会没有生命力。

适应大数据时代的要求，甚至可以说，为了迎接高新科技时代的到来，我们必须对这种一元性思维方式进行根本改造，代之以多元性的思维方式。从本质上看，所谓“大数据”，是一个实际上的多元世界、丰富多彩的世界、异彩纷呈的世界、个性鲜明的世界，因而是一个充满了活力的世界。这个科学技术发展的事实，必然要求我们改变陈旧的思维方式，破除一元性的思维方式，确立起一种能够正确反映这个新科技时代的世界本来面目的那种多元性思维方式。

我们可以看到，在一个以高新科技为基础的日新月异的社会中，如果我们仍然固守着一元性的思维方式，那就是企图让整个社会只有一种思想、一个调子、一种色彩，毫无个性，千篇一律，那么，这样的社会必然是死气沉沉的，日益没有活力。可以想象，在这样禁锢的思想文化状态下，我们的马克思主义研究会有什么进展呢？我们的社会主义改革开放又从何谈起呢？

改革开放以来的鲜活经验告诉我们，面对充满活力的现代社会，特别是面对高新科技带来的勃勃生机，必须下决心改造各种陈旧的思维方式，更快地确立多元性的思维方式。就改革领域的深层次问题而言，这是在为改革主体——人——注入新的思想动力。因此，思维方式的改造，可以说是改革开放过程中的一项伟大的思想建设事业。

在现代科技发展中，通过思维方式的改造，特别是确立开放性、多元性的思维方式，其意义不仅有益于科技事业发展本身，而且还会积极推动社会、文化、政治的进步。因为在这种开放性、多元性思维方式的熏陶之中，人们将越来越养成独立、平等、自由的个体意识，这意味着整个社会正在朝着自由人的联合体这一历史性方向前进。这虽然只是一个起步，却具有极为深远的历史意义。

（原载于《学习时报》2018 年 3 月 28 日）

## 三　互联网思维的思想启示

在当代社会中，互联网这个词的出现频率越来越高了，在人们现实生活中，互联网几乎已经成为须臾不可离开的东西。其中，一个更重要的事实是，以互联网实践为基础而形成的互联网思维，对人们的思想产生了极为深刻而广泛的影响。应该说，这是科学在当代社会中的一个伟大贡献。有人说，我们正在经历着一场“互联网革命”。很显然，这是不无道理的，因为互联网思维对人的思想影响，的确具有革命的性质。所以，我们应该从互联网思维中得到革命性质的思想启示。

实践证明，在互联网的实践中，从理论上说，人们的行为及其相应的思想活动，是不受任何限制的，因而能够获得最充分的自由。所以，互联网思维是一种真正的自由思维。什么是真正自由的思维呢？这就是人的思维能够摆脱所有的各种各样客观条件的束缚——思想的交流不再受时间和空间的局限；同时，互联网还可以使人们的思想活动由物理时空扩展到虚拟时空中去，这样，人的思维也就能够克服主观因素的束缚。这就是说，在正常的互联网思维中，作为积极主体的人，其思想就能够得到进一步充分的解放，获得更多的自由。在这个意义上我们可以说，互联网是人类思想活动一个真正自由的世界——在互联网思维中，人的思想能够获得越来越多的自由。思想自由是创造性思维的生成机制和灵魂，所以，互联网思维在本质上是一种创造性思维，它生动而深刻地反映出了人类思想的无限创造能力。

人们在互联网实践中能够发现，在互联网思维中，人的思想之所以能够获得越来越多的自由，其中的重要原因之一，在于互联网是个完全开放的思想体系。这里所说的“开放性”，首先是与作为否定性因素的封闭思想体系相对立的。在现实世界中，封闭思想体系的形成，一方面是由于某些不利客观条件的限制，阻隔了人们对外界事物的认识，由此而形成了人们狭隘的眼界，这个问题随着生产力的发展、认识能力的提高和科学的进步，会逐步改变的；另一方面，是由人们自己的主观因素——比如形而上学的思想方法造成的，这就是说，是人们自己把自己的思想封闭起来的。由此可见，人们的思想由封闭走向开放，除了创造条件、扩大视野之外，一个关键，是自觉地进行思想方法的改造——克服形而上学的束缚、培养辩证法的思维方式——一种真正开放的思想方法。

其次，这里所说的互联网思维的“开放性”，是指在互联网世界中，人的思想指向在空间中的无限性，人的思想展现在时间中的无限性。这就是说，互联网思维是人在一种不受任何束缚、无限的时空中的完全自由的思想活动。这样，我们就会在互联网世界中发现一种完全开放的思想体系——互联网思维。这就是说，互联网思维实际上是借助于互联网这个载体，克服主客观条件的限制，创造一种不受任何束缚的、极为广阔的、完全开放的思想发展时空。同样道理，在这种开放的精神环境中，思想的创造性必然会得到空前的发展。

互联网思维之所以能够使人获得越来越多的思想自由，是因为互联网是个真正多元的现实载体，因而，互联网思维就能够成为一种多元的思想体系。这里所说的“多元性”，实质上是指在现实社会中，不同的社会成员之间没有强制性的隶属关系，或者说人们之间没有人身依附关系，他们都是各自独立、平等的主体；相应地，每个人都是自己的意志的主人。因此，就人们的思想而言，每个人都有自己特有的理论观点，每个人都有自己独特的思想见解。当然，在现实生活中，由于各种各样条件的限制，这样的多元社会和相应的多元思想体系，是很难形成的；但是，在互联网实践和相应的互联网思维中，由于克服了实际生活中各种条件的限制，这样的多元思想世界，就能够成为现实了。实践证明，真正多元的思想世界，是创造性思维的一个发源地。

大量事实已经让我们越来越清楚地认识到，在互联网的实践中，每个人都是独立的、平等的行为主体，因而也是独立的、平等的思维主体。当然，作为互联网思维的主体，每个人在互联网中，都应该获得充分的自由。

许多人可能会有这样的体会，即在互联网思维中，人们的感性认识已经很难认识互联网世界的某些现象了，需要很强的想象力等特殊的思维方式，才能在这个极为抽象的精神世界中来理解某些特殊现象的本质。我们可以把这样的思维方式称为互联网思维中的高度思想自由。人类在互联网中获得的这些特殊的思想自由，暂时还有许多问题不能理解，但是，我们应该有信心，随着科学的发展，这些思想难题是会逐步得到解决的。科学的这种特殊力量，归根结底是人的思想智慧伟大力量的体现。

互联网和互联网思维让我们看到了科学给予人的高超智慧，但是，我们也不要走到唯科学主义的道路上去。这就是说，走向自由是我们的期望，是我们的共同追求，是我们的希望之所在；但是，如果把自由加以神化，即赋予自由以形而上学的绝对性质，我们很可能会走向自己希望的反面。所以，即使在互联网中，人身自由和思想自由也是有边界的，这个边界就是相应的法律规范。这也是科学本身的内在要求。

人类通过自己的思想智慧创造了科学，在科学的发展中，人类获得了高度的自由，而这样的自由，又反过来推动了科学的进一步发展。于是，人类在科学的这些奇异发展中，争得了越来越多的自由。所以，我们要使自己具有越来越大的思想自由，发展科学就成为我们的一个根本途径。这就是互联网思维给我们的一个极为重要的思想启示。

（原载于《学习时报》2016 年 12 月 26 日）

## 四　人工智能争论问题的哲学思考

随着人工智能的不断发展，必然会出现更加复杂的、具体的实际问题，需要我们去解决。所以，尽量消除理论上的障碍，确立科学的认识方法论，对于促进人工智能的发展，是有深远历史意义的事情。

在当今的科学界，从互联网、大数据到人工智能，它们所显示的各种“神威”，在社会舆论的思想场中引起的风波，一浪高过一浪。特别是“阿尔法狗”（AlphaGo）一举战胜了围棋世界冠军这件事，使许多人对长期以来的一些常识性问题，陷入了一种难解的思想矛盾之中。这些思想矛盾，主要反映在现代高科技的发展与人类智能的关系问题上，诸如人工智能——智能机器人的“本领”究竟能不能超过人类，人工智能的日益发展能不能对人类造成真正的威胁，再尖锐一点说，就是智能机器人能不能最终成为人类的主宰。应该承认，在这些问题上，世界科学界存在着激烈的争论，而且由于面临着难以理解的问题而陷入了思想困惑。所以，首先要用科学精神解决思想困惑。

这个问题的实质是什么呢？这就是在正确认识科学技术特殊作用的问题上，能不能真正坚持科学。这里所谓科学，就是人类的一种特殊意识形式，即科学的意识、科学的认识论、科学的方法论，质而言之，我们可以称之为科学精神。事实证明，我们必须真正以科学的认识方法论，即以科学精神来对待科学技术发展过程中出现的各种各样的全新现象，才能真正解决在人工智能问题上所遇到的各种思想困惑。

科学认识方法的基本要求，就是我们必须按照客观事物的本来面目，揭示客观事物的本质和发展规律，从而得到一种理性的认识成果。这一点，对于人类关于自然界的认识，即自然科学的本质，大多数人已经相当熟悉了，而对社会现象本质和规律的认识，其成果表现为社会科学，就比较复杂了，特别是对人的本质和发展规律的认识，就更加复杂了。所以，在对人的本质的认识上，我们要更加坚持科学的认识方法，形成一门真正的人的科学。自然地，这是一个具有相当理论难度的课题。但是，我们应该有信心，只要坚持马克思主义哲学的思想方法论，就完全能够解决这样的科学难题。

我们从马克思恩格斯的著作中可以看出，他们主张人和人的实践（即感性活动）本身也是“一门科学”，并且要把人置于科学的中心地位。马克思曾经明确指出：“历史本身是自然史的即自然界生成为人这一过程的一个现实部分。自然科学往后将包括关于人的科学，正像关于人的科学包括自然科学一样：这将是一门科学。”马克思、恩格斯的科学观，是他们的新唯物主义哲学的科学基础，其本质特征是以现实的人为中心，他们倡导一种辩证唯物主义的人的科学。很显然，这给我们建设人的科学提供了珍贵的科学认识方法论。但是，也应该看到，人类在科学研究的认识史上，由于背离了科学认识方法论，曾经发生过不能回避的历史教训，这就是长期以来有过不同程度消极影响的所谓“科学主义”的问题。所以，在这个问题上，必须认真解决所谓“科学主义”这个主要理论弊端。

一般所说的“科学主义”（Scientism），也译为“唯科学主义”，其特点是把自然科学认识方法的实用性绝对化，认为自然科学是唯一的科学，自然科学的研究方法应该代替包括哲学社会科学等一切学科。

作为一种认识方法论，科学主义的主要弊端，是把自然科学说成是唯一的科学，把自然科学的方法说成是唯一的研究方法，表现出一种机械教条的思想特点，其思想方法论的本质特征，是形而上学绝对化倾向。目前，学术界对科学主义的含义和本质，仍然有不同的看法。但是，越来越多的学者对作为认识方法论的科学主义的态度是否定的，认为作为一种认识方法论，科学主义实质是非科学的，与科学的认识方法论有本质区别。所以，一旦落入科学主义的束缚之中，就会在研究工作中出现理论上的混乱。比如说，在目前学术界关于人工智能问题争论中出现的思想矛盾，就是如此。所以，要真正解决这些问题，就必须摆脱科学主义的思想束缚，继续深入研究各种各样的现实问题，以辩证唯物主义哲学为指导，切实坚持科学的认识方法论，具体问题具体分析；否则，我们仍然可能会由于思想方法的形而上学绝对化，而陷入某种思想困惑中去。这一点，在我们下述关于人工智能问题争论的那些思想矛盾的分析中，可以更加清楚地看出来。

应该承认一个事实，人工智能即智能机器人，在某些领域中表现出的“高超本领”，的确是超乎我们的想象了，它们甚至在某些特殊场合中居然能够战胜个体的人，显示出了现代科学技术的伟大力量。很显然，我们应该为之欢呼和庆贺。但是，某些人却由此而产生了莫名的悲观情绪。比如，许多人担心机器人大军涌来之时，我们许多人会成为可怜的失业者，甚至有的人害怕将来人类会成为机器人的奴隶。这些人为什么会产生这样的思想困惑呢？原因当然比较复杂，但是，其中的一个症结所在，是他们的那些所谓“科学主义”的非科学思想方法在作怪。所以，进行思想方法的改造，用辩证唯物主义哲学的科学思想方法论武装自己的头脑，是走出思想困境的根本出路。为此，必须科学地认识机器人与人的本质区别。

在这个问题上，正确认识机器人与人的本质区别，是一个关键。人是什么？人是最高的价值主体，人是目的，而不是工具——这是近代以来的一个基本哲学命题；无论怎样“高明”的机器人，都不会成为价值主体，都没有自身的目的，因为它们毕竟是人造的机器，它们是人的一种工具。但是，在科学主义的思维方法视野里，人就是机器，只不过比一般的机器复杂一些罢了。很显然，这歪曲了机器人与人的本质区别。因为，在科学的认识方法论看来，机器人是机器，而绝不是人！如果抹杀了这个本质区别，我们就会在复杂的人工智能面前产生各种糊涂思想。所以，千万不要忘了这个起码的哲学真理。

我们知道，就目前地球的动植物状况来看，人与其他所有生物的一个本质区别，是人具有自我意识，而就现实状况看，无论什么样的智能机器人，都不可能具有人所特有的自我意识。对于人来说，自我意识综合了潜意识、无意识、意识等各种意识要素，同时包括了感性认识和理性认识的不同思想要素，自我意识是人所特有的一种反思思想行为。总而言之，自我意识是一种复杂的思想现象。许多事实说明，自我意识是人类漫长的历史发展的产物，甚至不能简单地说是通过后天学习而形成的。机器人不可能通过设计、输入而得到自我意识。这里的关键问题是，自我意识的本质，并不是如科学主义者认为的那样，能够用自然科学的方法解释的。总而言之，自我意识只能属于人，机器人不可能具有自我意识。

与人具有自我意识这个本质特征相联系的是，人的意识的重要本质特征还在于他能够进行理性思维，特别是理性思维方式中的抽象思维，即创造概念、运用概念进行创造性思维。当然，高级的智能机器人，可能会具有由设计而输入一些类似人的“思维能力”，但是，它与人的思维能力是不可相提并论的。这里的根本区别是，人的理性思维具有创造性能力，比如提出新思想、新原理、新规范等，而这一点是任何一种智能机器人无法由设计和输入而取得的。

在马克思主义关于人的科学范畴中，还有一个重要的质的规定，即人的社会关系性质，也就是说，以人类历史发展为基础的社会关系性质，或者说人的社会性，这是人之所以为人的一个重要本质。这就是说，人的本质的复杂性在于他不仅是历史发展的产物，尤其是社会关系的产物。在阐述自己的新唯物主义哲学时，马克思说："人的本质不是单个人所固有的抽象物，在其现实性上，它是一切社会关系的总和。"很显然，机器人是属于人创造的自然物，它本身没有社会性。所以，在每个人的思想和行为中所反映出的这种社会关系性质，不可能由某种设计而输入到机器人中去。

与上述几个问题相联系的是，机器人所显示出的人工智能，归根到底，是人的智能的表现形式，没有人的智慧和能力，哪里会有什么人工智能？我们现在对这一点是很清楚的：机器人的那些高超技能，是由人设计并输入的程序而显示出来的，"人工智能"（Artificial Intelligence）这个提法已经很清楚了；机器人的"智能"归根结底是人的智能，而不是机器的潜在智能。所以，在我们研究机器人的"智能"的时候，绝不能把机器人与人摆在同一个水平上，更不能把机器人置于人之上。因为如果这样的话，我们就不可能对人工智能问题有一个科学的认识了。

我们这样说，是不是在轻视人工智能的作用呢？会不会有害于人工智能的发展呢？在我看来，我们十分重视研究关于人工智能问题的科学认识方法论问题，恰恰是为了使它的发展遵循一条正确的道路，使人工智能能够获得更加健康的发展。人们已经看到，由于科学技术的日益高度发展，人工智能即智能机器人将会给人类展现出一片全新的世界，我们应该以更高的理论热情去迎接它的到来。但是，随着人工智能的不断发展，必然会出现更加复杂的、具体的实际问题需要我们去解决。所以，尽量消除理论上的障碍，确立科学的认识方法论，对于促进人工智能的发展，是有深远历史意义的事情。

（原载于《学习时报》2018 年 5 月 16 日）

·第八题·

# 试论民主政治机制运行的哲学思维基础

民主与专制是两种根本对立的政治体制，是以其体制为基础的不同权力运行机制。专制政治体制及其权力运行机制，本质特征是权力的独裁；民主政治体制及其权力运行机制，本质特征是权力的制约机制起决定性作用。以人民为权力主体的权力制约机制的正常运行，从而实现人民当家作主的民主目标，是现代民主政治的本质特征，并由此而形成了民主政治机制运行的哲学思维基础。

## 一　民主：社会和谐发展的内在动力机制

在党中央提出建设社会主义和谐社会的战略任务后，人们所关心的一个重要问题，是通过什么样的途径才能实现这个目标，再深一步说，就是和谐社会发展的内在动力机制究竟是什么。要正确解决这个理论认识问题，首先应正确理解社会主义和谐社会的本质特征，而正是这个本质特征，揭示了它发展的根本动力问题。

在谈到和谐社会的建设问题时，人们理所当然地希望，这样的社会是没有矛盾和冲突的，比如，没有上访，没有干群纠纷，没有反对意见，没有罢工，没有游行示威，等等。这显然是一种理想的和谐社会。但是，这样纯粹的所谓和谐社会，在现时代是不存在的。这就是说，在现实生活中，不存在绝对的和谐社会，只有相对的和谐社会，即存在着某种矛盾的，然而又基本上是和谐的社会。因为任何一种社会都不可能没有矛盾，诸如不同阶层、不同群体的利益冲突、意见冲突等。问题的关键是如何解决好这些矛盾，使不同利益群体的人们之间的冲突得到恰到好处的处理，由比较不和谐走向比较和谐。

在谈到和谐社会的本质特征时，有的人认为，和谐社会就是一个稳定的社会。的确，在建设和谐社会的过程中，稳定是必不可少的条件。在这个意义上，我们可以说，和谐社会应该是一种稳定的社会。但是，稳定的社会，却不一定都是和谐的社会。封建时代在专制权力高压之下，社会可能会在一定时期内保持某种稳定状态，但是，那却不能被称为和谐的社会。因为真正的和谐社会必须是充满活力的社会、生机勃勃的社会，是不断发展着的社会。

因此，所谓和谐社会是一种存在着矛盾的社会，是一个不断地解决矛盾的过程，处于一个发展由不平衡到平衡的过程，处于一种“和而不同”的动态之中的。所以，从根本上说，“和谐”就是一个对立统一的过程。简言之，“和谐”就是对立统一。这就是社会主义和谐社会的本质特征，这个本质特征决定了其发展过程的内在动力机制——实行社会主义民主政治。

在历史上，解决社会矛盾的方式或手段各种各样，有暴力的，也有和平的；有专制的，也有民主的，还有其他的一些特殊手段，等等。至于采取哪种方式方法，这要从实际出发。但是，总结人类社会发展的经验教训，可以得出这样一个结论：在现代社会中，解决社会基本矛盾的方式中，民主是弊端最少的一种。我国社会发展的经验教训也一再说明，民主是解决社会矛盾的最好方式。当然，我们所说的民主，是人民当家作主的社会主义民主。

现代社会发展的事实证明，民主的存在是以存在着现实社会矛盾为前提的，而民主之所以能够起作用，则是因为它本身就具有内在矛盾，或者说民主就是一种“对立统一”体。所以，它才能成为解决社会矛盾且弊端最少的一种方式。我国社会的发展经验说明，民主之所以能够推动社会的和谐发展，是因为它是比较恰当而稳妥地解决各种社会矛盾的一种动力机制。

现代社会的发展经验表明，民主政治的一个特殊功能，是它以其特有的机制，为不同利益群体以独特方式来反映自己的要求、表达自己的愿望、发泄自己的不满，提供了不同而有效的途径、方式、方法等，并通过相应的渠道，及时地反映到有关政府部门去；政府的有关职能部门，依法公正而负责地解决这些问题，并且迅速地作出相应的反馈。于是，通过这样有机的“下情上达”和“上情下达”，使矛盾得到解决或者满意的处理，民众与政府之间就会在交流中逐步走向和谐。所以，在这个意义上，我们完全可以把民主政治制度称为一种具有特殊功能的“民主通道”。

中医学上有一句名言，叫作“不通则痛”，反过来讲，去痛的根本途径就是“通”。引申来说，一个社会民众与政府之间，如果没有正常的民主途径，“下情不能上达”，“上情不能下达”，积累的矛盾就会“淤积”起来，以至于“堵塞”了。那么，我们的社会，特别是民众与政府之间，就可能陷入各个方面都感到痛苦的不和谐之中。因此，在现代社会中，与各种方式相比，“民主通道”是解决这种矛盾的有效途径。

事实证明，如果这个“民主通道”“堵塞”了，那么，民众的积极性、主动性就要受到遏制，而政府等权力机关的服务就会失去目标，结果，社会的某些矛盾将会激化，自然地也就会由比较和谐演变为比较不和谐了。所以，那些明智的领导者，即民主政治意识比较强的政治家们，是希望“民主通道”经常畅通的，他们真诚地盼望着听到民众的批评声音、反对声音，直接接受社会的监督。“民主通道”畅通了，社会也就和谐而又能够充满活力。这就是民主作为社会发展内在动力机制的辩证法实质。

（原载于《学习时报》2013 年 5 月 6 日）

## 二　人民群众在国家社会中的决定性作用

人民民主，就其体制机制而言，是人民在整个政治体制中的决定性作用，也就是说，所谓民主，就是指人民在国家社会的政治事务中，是权力主体，是当家作主的。很自然地，这就涉及了人民群众与国家权力机构及其公务人员之间的关系问题。在真正的民主政治体制中，人民群众是社会的主人，国家权力机构及其公务人员是社会公仆，后者是前者选择的，前者决定后者的去留及其升迁。这就是现代民主政治体制机制运行的基本原则，它的实质，就是人民群众在国家社会中的决定性作用。

在中国几千年的封建专制主义社会中，封建帝王是至高无上的，对所有的臣民都有绝对的生杀大权。所以，一般的大臣，对皇帝只能是唯命是从，至于那些所谓“草民”，在国家政治生活中的地位，更是不值一提了。由此，有些人就得出了这样的结论：在封建社会中，是统治者决定国家的命运，而大多数的百姓，对社会进步和历史发展，是起不了什么作用的。这样说来，历史唯物主义关于人民群众是历史发展的决定力量这个原理，在这个历史时期岂不是错误的了？其实，这个认识是片面的，因为就是在封建专制主义的时代，老百姓——人民群众——归根结底还是起决定性作用的。为了说明这个道理，这里引用我国的古典文献《国语》中的内容，作些分析。其中《周语》中的《召公谏厉王弭谤》一文说：

周厉王暴虐无道，国人纷纷指责他。大臣召公告诉他：“人民已经忍受不了您的暴虐了。”厉王听了大怒，找来一个卫国的神巫，让他监视指责自己有过失的人。根据卫巫的告发，厉王把指责他的人杀掉。于是，人们就不敢再有议论了，大家只能在相遇时彼此用眼睛示意而已。厉王高兴了，告诉召公：“我能消除对我的指责了，老百姓不敢说话了。”于是，召公对周厉王讲了这样一番道理：“您这只不过是用堵百姓的口的办法罢了。不过您要知道‘防民之口，甚于防川’的道理啊！因为筑堤堵塞河水，而河水壅塞一旦溃决泛滥，结果会伤害更多的人，企图封住老百姓的嘴，这比堵塞江河的后果还要严重。因此，治水的人应该疏通河道，使水畅流无阻；统治者应该引导他们，使他们畅所欲言……人有嘴巴，就好像大地有高山大河一样，国家的财富用度都从这里产生出来；又好像大地有平洼高低各种土地一样，人民衣食资源都从这里产生。让人说话，国家政事的好坏才能真正反映出来，从而能够推行善政、防范败亡，就能使百姓财用增多，丰衣足食。百姓心里有意见，就要用口表达出来，这怎么可以堵塞呢？如果堵住百姓的嘴，不让说话，这样做是不能长久的啊！”周厉王根本听不进召公的这些忠言劝告。这样，老百姓就不敢再说话了。但是，仅仅过了三年，周厉王就被驱逐到晋地去了。

这个典故的寓意很深，它说明一个很重要的道理：无论是在什么时代，不要以为掌握了大权，就可以为所欲为，就能够把老百姓的嘴巴堵住；当然，一些这样做的统治者可能得逞于一时，但是，终归是要被老百姓赶下台的。一些古代的统治者在总结经验教训时常常说：“得民心者得天下，失民心者失天下。”所谓民意难违，说的就是这样一个基本道理。

但是，有一些思想糊涂的领导干部，他们的思想水平几乎比那些明智的封建君主还要“落后”，他们对以下信条深信不疑：有了权，就有了一切，谁掌握了权力，谁就能决定一切。所以，“人民群众是社会发展的决定性力量”“人民群众是创造历史的根本动力”等说法，只不过是说说而已。至于人民群众，名义上是“国家的主人”，其实只不过是任由当权者随意驱使罢了。

果真是这样的吗？从一时的现象上，也许能够得出这样的结论；但是，如果从比较长的历史发展过程来看，就未必如此了。比如，我国在“文化大革命”结束后开始了改革开放，农村由实行人民公社制度变为实行“家庭联产承包责任制”，从根本上说，这是由广大农民群众的意志决定的。这就是说，国家的农业政策、农村的经济体制，归根结底是由农民的根本利益、农民的根本愿望决定的。这自然不是说领导者没有任何作用，但是，看一位领导者是不是高明，能够在社会发展中起什么样的作用、起多大的作用，还是要看其究竟能够在多大程度上正确反映人民群众的意志!

历史的发展一再告诉我们：那些把人民群众视为草芥的领导者，人民群众必然视他们为仇寇，必欲消灭之而后快。我们相信马克思主义的一条基本原理：社会究竟怎样发展，国家的政治前途，归根结底，是由人民群众的意志决定的。同样道理，为官者的命运，归根结底要决定于人民的选择。人民，只有人民，才是历史发展的最终决定者。

（原载于《学习时报》2013年9月2日。原题为《防民之口，甚于防川》）

## 三　从“和而不同”看民主政治的思维方式特点

哲学家冯友兰在其《中国哲学与民主政治》一文中，提出实行民主要有四个条件：第一，要有“人是人”的认识，人是有独立人格、自由意志的，不能成为他人的工具；驱使别人、让别人成为自己的工具是不道德的行为。第二，对一切事物都应有多元论的看法，不能执一见而概括一切，儒家特别重视“和”，“和”就必须有异，把各种“异”调和起来就是“和”；五味俱全，八音齐奏，可以得到“和”；如果只有一样的味、一样的音，就只是“同”而不是“和”了。第三，要有超越感，不能以自己的观点权衡其他的一切，互容相让，才有民主的可能。第四，要有幽默感，对任何不如意的事都能一笑置之，这样才容得下各种不同意见。一位哲学界人士回忆说，有一次开会，所有的人都批评冯先生。中午休息时，他踌躇着想安慰冯先生几句，不想冯先生已经靠在沙发上午休，安然入睡。他觉得，这一点，常人真难以做到。

可见，民主是一种文化、一种智慧，也是一种哲学思维方式。这种思维方式的特点，明显地反映在孔子“和而不同”这句名言中。

孔子的原话是这样说的：“君子和而不同，小人同而不和。”[①]朱熹对这句话的注释是：“和者，无乖戾之心。同者，有阿比之意。”[②]从这些论述中我们能够明白，作为中庸政治哲学概念的“和”，是从肯定意

① 《论语》，中华书局 2006 年版，第 199 页。

② 《四书章句集注》，中华书局 1983 年版，第 147 页。

义上说的，意即和谐、统一、一致；“同”则是作为贬义词用的，指强制统一、千篇一律，甚至也有随波逐流、同流合污之意。所以，孔子主张“和”，反对“同”，并把“和”与“同”对立起来。这里的关键是如何正确认识儒家关于“和”的本来意义。

据《左传·昭公二十年》记载，晏婴曾主张君臣关系应该是“和”，而不应该是“同”，“和”才能产生政治上“相反相济”的作用。他说：“君所谓可而有否焉，臣献其否以成其可；君所谓否而有可焉，臣献其可以去其否。是以政平而不干，民无争心。”这是说，君臣之间应该是“和”的，但是，他们可以有不同意见，这样才能相辅相成，使得政治上太平。这显然是一种处理君臣关系、上下关系的政治辩证法，并且从思维的总体上反映出了政治家的博大胸怀。这个高明的政治思维辩证法，就是在我们的政治生活中也仍然有借鉴价值。因为人们都知道，一个人一旦当了高官，在有权有势之后，还听得进不同意见，这是何其难啊！这就意味着，对他们来说，下级与他们完全“同”可以，他们与下级之间“和而不同”却是不容易做到的。

为了说明“和而不同”的实质，儒家的经典中曾用音乐的特点、美羹的形成来作比喻。《左传·昭公二十年》上记载这样一段话：“和如羹焉，水火醯醢盐梅以烹鱼肉……宰夫和之，齐之以味，济其不及，以泄其过。君子食之，以平其心……声亦如味……清浊、小大、短长、疾徐、哀乐、刚柔、迟速、高下、出入、周疏，以相济也。君子听之，以平其心。心平，德和。”这就是说，儒家的“和”，并不是简单的一致，而是辩证法的统一。可见，“和而不同”，不但是一种思维方式，也是一种思想艺术。

在现实的政治生活中，“致中和”是一种高明的政治艺术，当然不像奏乐或制羹这样简单，但有一点则是相同的，即“和”作为处理矛盾的目标是最佳的结果。在政界的人际关系中，形形色色的矛盾是不可避免的，政治家究竟是否高明，就看他能不能在处理大量棘手问题的过程中，得出一个和美的结局来。管子曾把具有这种本事的人称为“圣人”。他认为，高明的大政治家之所以被称为圣人，是由于在处理各种矛盾时，他们能“齐万不同”，而“如出乎一穴”，其结果便是“致中和”的这个“和”。我们不能说儒家思想家已经具有了民主政治意识，但是，他们对“和”与“同”的辩证关系的精辟见解，对我们深刻认识现代民主政治的一些本质特征，是很有借鉴价值的。

民主是处理权力矛盾的各种机制中最好的一种机制——“致中和”，即最大限度地消除矛盾；民主是一种博大的政治胸怀——在充满矛盾的政治环境中，把各派政治力量结合在一起，形成一种包容不同利益集团的政治共同体，使社会得以正常运转——“和衷共济”；民主政治反映了政治发展过程中的辩证法——“和而不同”，而我们所说的“和谐社会”，也就是要建立在这样的民主政治基础上。由儒家哲学引申出来的这些见解，对进一步认识民主政治的本质，也是有宝贵思想价值的。

现代社会的领导者，应该是具有民主政治意识的政治家。而要在领导工作中表现出比较高的民主政治水平，不但要有很高的政治素养，而且要有哲学思维方式的修养。在这方面，儒家的“和而不同”思想，就值得认真研究和借鉴。

（原载于《学习时报》2013年4月1日）

## 四 政治智慧就在不同意见之中

有的领导者在报告中或者文章里阐述自己的观点时，总是要用很大的篇幅说明自己的观点是如何受到拥护，是怎样得到赞同，以此来证明自己观点的正确性。当然，这无可厚非；只是遗憾的是，他们很少提到在形成这个观点时，曾经有过什么样的不同意见，而根据这些不同意见，自己对观点进行了什么样的修改，等等。实际上，恰恰是有了这后一方面，才使报告形成过程显得更加真实，而且正是这后一方面才是更有价值的。设想一下，如果没有这些不同意见，那些不准确、不全面、不明确的部分，怎么会得到修正呢？其实，正是这些“不同意见”，帮了他们大忙！

论证已有观点的正确性，这很必要，也有意义；不过，相比之下，那些不同意见，却更有价值。中外著名的企业家，以及那些有成就的政治家，在总结自己成功经验的时候，往往把吸取各方面不同意见，放在极为重要的地位上。1994年4月4日一期美国《幸福》杂志选出了六位美国企业界的杰出人物，在介绍他们的特点时，该杂志提出，“他们当中，每一位都有卓越的先见之明，也有先听取别人意见的宽大胸怀”,《幸福》杂志为此刊登了一篇题为《杰出人物》的文章，其中有这样一段精彩议论：“在所有的领导艺术中，耐心听取各方面的意见是最宝贵的一种领导艺术，同时，也是最不为人们所理解的。大多数工业巨头只是有时听取他人的意见，因此他们仍然只是普普通通的领导人。但是，却有一些伟大的人物一生坚持听取不同意见，从不间断。听取意见成了他们的一种癖好。他们无时无刻不虚怀若谷，无论是工作还是玩乐，也无论是吃饭还是睡觉，时时刻刻都准备听取意见。无论对顾问、对顾客、对心灵的呼唤，还是对敌手，甚至对风声，他们都洗耳恭听。正因为如此，他们总是抢在别人前头认识到他人看不到的问题和机会。”

对于这些已经很有经验的领导人来说，那些不见得比他们自己的见解高明多少的“不同意见”，为什么如此受到他们的重视呢？从上述文章中的那段精彩议论中，我们能够看到一个“秘密”，即这些大企业家似乎发现那些不同意见中有一种特殊宝贵的价值——因为正是吸取了这些“不同意见”，才使他们与一般人相比，有一定的“先见之明”。其中的奥妙，值得那些不重视不同意见的领导者认真研究。

那么，那些不见得比领导者本人意见高明的不同意见，它们的“特殊宝贵价值”究竟在哪里呢？这里，我们对“不同意见”本身作一些具体的分析。

所谓“不同意见”，是由于人们的实践经验不同、社会地位不同、看问题的角度不同，对同样的问题提出的各不相同的见解。这些不同意见，有一些不一定完全正确，很可能有片面性，但是，它们可能包含着处于主导地位者所没有看到的东西，从而可以使主导者意见更全面一些；另一些“不同意见”，则从一个特殊的角度发现了主导者意见的某种错误，这样的“不同意见”，就能够发挥“纠正错误”之功用；当然，其中的一些“不同意见”，很可能是完全错误的，意见本身没有参考价值，但是，既然它们是针对“主导者意见”而提出来的，那么，主导者就应当思考这样的问题：这个“不同意见”为什么会是错误的呢？自己的意见应该如何去避免这样的错误呢？经过这样的思考过程，就能够使自己从反面吸取教训，这也可以说是“不同意见”的一种特殊价值。

从“不同意见”的这几个方面意义的分析中，我们可以看到，它的特殊价值，就在于能够使居于主导地位的领导者们，考虑问题更全面一些，比较快地发现自己的错误，一旦发现了错误能很快地纠正，因此，头脑会更清醒，站得会更高一些，看得会更远一些。总之，由于充分重视“不同意见”的价值，他们“总是抢在别人前头认识到他人看不到的问题和机会”。这就是领导者的智慧，而这个智慧，就存在于不同意见之中！

其实，我国古代一些明智的政治家，也懂得这个道理，如唐太宗就说过：“兼听则明，偏信则暗。”这里所说的“兼听”，就是要听不同意见的意思。还有一些所谓明君，主张“广开言路”，也是要吸纳不同意见，使自己更明达起来。相比之下，现代的民主政治家，对这一点的认识水平已经达到更高的层次，而且在实践上也更加自觉了。

在这里，我们还应该说明的一点是，领导智慧的确是存在于不同意见之中，但是，问题在于我们能不能认真听取不同意见，是不是善于吸取不同意见中的有价值因素，而这往往取决于我们是不是用辩证法的头脑去对待不同意见。

现实的政治生活说明，虽然有些人懂得不同意见的价值，但是，对不同意见能够认真听取、仔细研究，并不是一件容易的事情。正如高尔基所说，“不要为了尖锐的批评而生气——真理总是不合口味的”，所以，那些做领导工作的同志，应当经常扪心自问：“我耐心诚恳地听取不同意见了吗？”

（原载于《学习时报》2012 年 7 月 23 日）

## 五　“反对”的特殊意义

中国古代的君主，为了巩固自己的政权，一般地都设有“谏官”一职，这些谏官也称为“诤臣”。《孝经》记载：“昔者天子有诤臣七人，虽无道，不失其天下。诸侯有诤臣五人，虽无道，不失其国。大夫有诤臣三人，虽无道，不失其家。士有诤友，则身不离于令名。父有诤子，则身不陷于不义。”这些谏官或者诤臣是干什么的呢？是专为“谏诤”之用的，用现在的语言表达，就是专门为提反对意见而设的官职。

所谓谏诤，一般都是指臣子对君主而言的，其主要内容，就是臣子对君主的决定或者决策，用据理力争的方式，恳请君主改变主意、“收回成命”。谏诤的目的，是使君主没有失误，继续保持“英明”。而为臣者的谏诤之举，有些人口里说是为了江山社稷，不过多半是为了表示自己对君上“忠心耿耿”而已。在封建社会里，这种所谓谏诤之风，一直是被传为美谈的。

实际上，这里所说的“谏诤”，也就是臣子对君主“提不同意见”。当然，一般所提的都是事关重大问题的不同意见，而且，这里的“不同”，大多数情况下都是一种“反对意见”。有一些谏诤，表现得很激烈，甚至还发生过“以死相谏”之类的极端情况。当然，大多数情况，是对君主进行劝说式的谏诤。有一些封建君主，从维护自己的统治这个目的出发，对谏诤的价值有所认识，还设立了谏官这样的职务。中国史书上，曾经盛赞过唐太宗“从谏如流”的英明之举，而且史家认为，唐太宗开创的“贞观之治”，与此是有关系的。

因为谏诤是臣下对君上提反对意见，是批评君主，所以，在君主专制时代，那些正直之士的谏诤之举，是有危险的。孔子就说过，臣下在向君主进谏的时候，要“信而后谏，未信，则以为谤己也”[①]。所以，臣下必须“以道事君，不可则止”。这就是说，臣子对君主提反对意见，既要坚持原则，又要注意方法，适可而止；而且在进谏的过程中，要先取得君主的信任，再进行谏诤，否则，就可能被认为是在对君主进行诽谤，那下场就可想而知了。

① 《论语》，中华书局 2006 年版，第 294 页。

古今同理，居于领导地位的人，认真听取不同意见，诚非易事；至于耐心听取反对意见，对他们来说那就更难了。问题的症结何在呢？除了这些位高权重者妄自尊大的心理阻力之外，还有一个因素，就是他们对“反对意见”的特殊价值缺乏应有的认识，由于缺乏辩证法的思维方式，实际上往往是以形而上学的态度对待这些反对意见。古今中外的政治生活经验都一再说明，能不能正确对待反对意见，是衡量政治家明智程度的一个重要标志。

从实际的政治生活中，我们还能够发现，领导者究竟如何对待反对意见，也是民主政治建设中的一个大问题。现代民主政治的一个前提，是有不同意见、不同派别，特别是有反对意见、反对派别存在，否则，说要实行民主，那就是无的放矢了。所以，如果有哪个领导人说，他那里绝对没有不同意见，更没有任何反对意见，那么，可以肯定，他所说的“民主”是假的。

在真正的民主政治中，不但会出现反对意见，甚至还会有某种反抗行为，这是正常的现象，否则，“绝对统一”“完全一致”反而是不真实的了。美国早期政治家杰弗逊甚至这样说过：“对抗政府的精神在某些场合下是如此的可贵，我希望它永远存在。它常常被错误地运用，但即便错误，也比根本不用好。”当然，我们并不是要鼓励民众去对抗政府，只是一个真正的民主政治家，对民众的反抗精神，绝不能持形而上学的态度。所以，对于领导者来说，是不是重视并且能不能认真对待反对意见，是考察他们的民主政治意识水平的一个重要标志。

我们已经说过，对领导人来说，能够认真听取各种各样的不同意见，这对他们是有特殊价值的。那么，如果这样的不同意见，以比较尖锐的形式出现，这可能就是我们这里所说的“反对意见”了。更加尖锐的不同意见——反对意见，具有更加特殊的价值。不过，对这个问题，需要用辩证法的方法去理解。

这些反对意见，为什么是有特殊价值的呢？它们的特殊价值又是什么呢？这里的关键是在这个“反对”之中。面对当权者的主导意见，能够表达不同意见，特别是能够表达明确的反对意见，这是需要勇气的；同时，这些反对意见也必定是自由思考的思想成果，而自由思考本身，就必然是一个创造性的思维过程，这样的思维过程，必然形成反对者的一些特别观点。这就是所谓“反对意见”的宝贵价值之所在。

在这里，我们强调那些居于指导地位的人，特别是各级领导者，认真对待反对意见之所以具有特殊意义，不单是因为反对意见本身具有特殊价值，更重要的问题是，居于主导地位的当权者，究竟怎样对待反对意见。我们可以想象得到，以当权者居于主导地位的意见为一方，以反对者所表达的独特思想见解为另一方，在由于当权者明智而形成的自由气氛中，两种对立的观点，必然发生激烈交锋。事实证明，与反对意见的真正交锋，是提高人民意识水平的关键环节。对于这一点，英国大哲学家休谟的见解极为深刻，他说：“哲学需要完全的自由甚于需要别的特权，而且它之所以能够繁荣，多半是因为各种意见和辩论可以自由互相反对。”不同观点的交锋，这本身就是双方思想升华的过程，而对于领导者来说，这正是从中吸取智慧的绝好机会。当然，这就要看居于领导地位的人是不是真正具有辩证法的哲学头脑了。

（原载于《学习时报》2012年8月27日）

## 六　辩证地认识“妥协”的价值

20世纪70年代中期，“文化大革命”结束后，在思想解放潮流的冲击下，我国政治和经济的改革已经势不可当，但是，旧的思想阻碍仍然是一股强大的政治力量。很显然，在当时的历史环境中，一些大的改革措施都不可能像想象的那样顺利提出，而必然伴随着尖锐激烈的政治思想斗争。在这样的情况下，如何妥善地处理各种矛盾，坚持改革的基本方向，就具有决定性的意义。其中，在“妥善地处理各种矛盾”的问题上，就出现了究竟应该怎样对待“妥协”这样的思维方式的问题。其实，“妥协”并不是一个抽象的理论问题，而是一个现实的利益博弈问题。这一点，可以说是对我们在改革开放过程中民主政治智慧的一种考验。

20世纪80年代初，有的贫困地区农民开始创立了专业承包责任制形式，即包产到户。这样的做法明显突破了原来的农村人民公社集体经济体制，于是，引起了从中央到地方各级领导人和群众的广泛关注，并且很快发生了激烈的争论，争论的焦点是，如果允许农民自由选择包产到户，还要不要坚持集体经济了？还要不要坚持社会主义原则了？激烈的争论甚至使1980年9月中央召开的专门讨论农业生产责任制的第一书记座谈会都很难开下去了。

为了解决这个难题，胡耀邦等同志几次修改会议文件，对不同的意见都考虑到了。文件中写道：集体经济是我国农业向现代化前进的不可动摇的基础，但是过去人民公社脱离人民群众的那些做法必须改革。所以，在一般地区，集体经济比较稳定，生产有所发展，现行的生产责任制群众满意或经过改进可以使群众满意的，就不要搞包产到户，同时也不要对选择包产到户的群众强制纠正；而在那些贫困落后地区，群众要求包产到户的，就应当支持群众的要求。这就是著名的、具有重要历史意义的1980年75号文件。当年亲自参与这个工作的杜润生同志回忆说，75号文件是个妥协的文件。但是，正是这个所谓的“妥协文件”，在中国改革史上产生了划时代的影响。

对于“妥协”这个概念，人们并不生疏，但是，人们总是把它作为一个贬义词来对待，甚至把“妥协”和“投降”相提并论。其实这是一种误解。为什么会出现这样的情况呢？这是由于各种政治历史原因，特别是长期以来“左”的思想影响，对“妥协”这个概念持形而上学态度所造成的歪曲理解的一种反映。

在汉语的语义解释中，所谓“妥”，一般是指“妥当”“妥善”“稳妥”，即比较合适的意思；而所谓“协”，常常是指“协调”“协同”“协作”“协助”“同心协力”等。商务印书馆1978年版《现代汉语词典》对“妥协”的解释是“用让步的方法避免冲突或争执”；

1996年的修订版在对“妥协”的解释中，除了前面的一条外，又加了一条“妥协投降”，如“原则问题上不能妥协”。所以，就“妥协”这个词本身来看，它基本上是一个肯定性的概念，而不是一个否定性的概念。当然，在一些特殊语言环境中，它也会有一定的否定性意义，如前面举的“原则问题上不能妥协”等。但是，这并不是“妥协”一词的一般含义，也就是说，不能说任何一种“妥协”都是必须否定的；同样的道理，我们也不能对任何情况下的“妥协”都持肯定的态度。

其实“妥协”一词的内涵中是包含着辩证法内容的，也就是说，肯定性理解的“妥协”，本质上应该是不同利益主体之间的对立统一关系，而不是形而上学的所谓“对立”关系——“在绝对不能相容的对立中思维着”！

历史上大量的政治生活经验告诉我们，对“妥协”的行为和主张的评价不能一概而论，而应该进行具体分析。我们常常可以发现，在复杂的环境中，“妥协”常常显示出那些决策者高超的政治智慧；而且，在有些历史时期，特别是在改革的攻坚阶段，有的重大决定和政策的出台，往往就是一种妥协的产物。

在对一些特殊历史事件的思考过程中，同时联系我们工作中对一些棘手问题处理的经验，可以越来越清楚地认识到，在重要历史关头做重大决策的时候，对于那些有作为的政治家来说，坚持自己的某种主张，要有政治上的勇气和智慧，同时，放弃自己的某种主张，也要有政治上的勇气和智慧。所以，政治上的妥协，不仅是一种辩证法的思维方法，而且是马克思主义的勇气和智慧。关于这一点，英国政治家A.菲利普·伦道夫说过："在政治中，其他领域也一样，没有平白无故得到东西的情况。代价可能是各种形式的让步，而这种让步又可能会打破一个人一生所坚持的宝贵理想和原则。"可以看出，这里的"让步"与"妥协"是在同样的意义上运用的，它们同样都是一种民主政治智慧。

同样道理，在我们运用民主政治方式处理日常工作中的矛盾问题时，为了维护人民群众的根本利益，能够妥善地处理不同意见的争论，找出不同利益的平衡机制，制定出不同利益群体都能够认可的政策措施，这也是需要具有辩证思维艺术的；相反地，不管什么样的情况，总是坚持"针锋相对"那种思维方法，人民群众是要吃亏的。从这里，我们就能够比较清楚地看出"妥协"这种思维方法的特殊价值了，特别是在民主政治机制运行中的重要方法论意义。

（原载于《北京日报》2012年3月26日）

## 七 "无为而治"：一种高超的政治思维艺术

在研究道家哲学和儒家哲学，特别是老子哲学的时候，人们对"无为而治"的思想，印象是极为深刻的。所谓"无为而治"，是我国古代政治家和思想家对当时统治经验教训的一种哲学概括，作为一种高超的思维艺术，反映出了那个时代的杰出政治智慧。结合对我们时代诸多社会问题的思考，“无为而治”这个政治哲学的命题，仍然能够给我们以启迪。

那么，这个“无为而治”的思想，在道家哲学和儒家哲学中是如何表述的呢？

我们首先看看《老子》一书中的表述。“无”“无为”，这是《老子》一书中的重要范畴。作为一种治国之道，《老子》一书提出“圣人处无为之事，行不言之教”，“是以圣人之治也，虚其心，实其腹，弱其智，强其骨，常使民无知无欲。使夫智者不敢为也，为无为，则无不治”，“是以圣人之言曰：我无为而民自化”，等等。

根据《老子》一书的解释来看，“道”是一种自然规律，要遵循规律去行事，不要有过多的“人为”治事，否则，就会因统治者多事的“有为”之治而造成政治动乱。可见，《老子》中劝导君王的所谓“无为”之治，是让他们效法自然之道，即“法自然”。正如《老子》中写的：“王法地，地法天，天法道，道法自然。”这句话，如果再简单概括一下便是“王法自然”，即君王最好的统治方式，是自然无为。可见，“无为”而治，就是“法自然”的一种统治方式，即君王要按照自然之道，自己做到清静无为，让臣子去具体实施，让老百姓做他们的事情。结果是“我无为则民自化”。“民自化”“民自朴”等，显然是统治者最重要的政治目标，即达到“无为则无不治”。这便是人们常说的《老子》一书中“无为而治”思想在政治上的高明之处了。当然，不能不说，这里有些思想是消极的，甚至可以说是一种愚民哲学；但是，其中包含着一些有价值的思想，即一个严肃的当权者，不能轻举妄动，不要瞎折腾，甚至要尽量少一些动作，以便给人民更大的活动自由，充分发挥他们的能动性。实践证明，在政治上，这是一种明智之举。

我们再看看儒家学者是如何表述的。在儒家的经典中，孔子、孟子等是“言必称尧舜”的，在他们的心目中，尧舜是最高的典范。据《论语》记载，孔子说：“无为而治者，其舜也与？夫何为哉，恭己正南面而已矣。”[①] 对这句话，朱熹在注中作了这样的解释：“无为而治者，圣人德盛而民化，不待其有所作为也。独称舜者，继尧之后，而又得人以任众职，故尤不见其有为之迹也。恭己者，圣人敬德之容。既无所为，则人之所见如此而已。”

孔子这段话的意思是说，舜帝为什么能把天下治理得太平呢？没有什么秘诀，他只是庄严端正地坐在帝王的位置上罢了。这就是说，在继承尧的职位之后，舜帝并不是靠自己在行政管理上做多少事情，而主要是靠自己德高望重的权威影响。这样，虽然人们没看到君主有什么作为，但是，由于他能够严格要求自己，天下却治理得很好。这就是儒家学者所称道的“无为而治”的基本含义。

我们从这里的论述中可以看出，儒家讲“无为而治”，更多地是把它看作一种道德原则，主要是对统治者的要求，也就是说，统治者在臣民面前，应该处处以身作则；老子的“无为而治”，则更加强调统治者的行为一定要遵循客观规律，不要轻举妄动。所以，如果把两者结合起来，“无为而治”就是更高层次的领导思维方式了。

---

① 《论语》，中华书局 2006 年版，第 232 页。

“无为而治”作为一种具有辩证法精神的思想方法、智慧，对培养出一种高明的治国之道是有启迪的。人们常常能够发现，在现实社会中，那些高明的政治家的智慧，往往是一般领导者所望尘莫及的。所以，在日益激烈、复杂而且充满风险的现代经济、政治竞争中，很需要那种高明的政治智慧。实践证明，不懂政治的人，虽然常常累得精疲力尽，但是，在领导活动中却很难有大的作为。

当然，儒家的所谓“无为而治”，不能简单化地理解为一位统治者无所作为就能够把国家治理得好。实际上，“无为而治”是指统治者具有高超的领导艺术，善于运用权力，不是穷于应付，而是能够使自己从日常的繁杂事务中摆脱出来。这也就是常说的，一位高层次的领导者，要能够超脱！

这一点，在历史上也有过许多经验教训。据说，明朝的崇祯皇帝是很勤奋的，常常批阅奏章到深夜，结果顾此失彼，最后，明朝还是灭亡了！其中一个重要原因是，崇祯皇帝始终没有忙到点子上。

我们也常常看到这样的领导干部，他们对自己主管的工作，事必躬亲、面面俱到，事无巨细皆由一人包揽，结果呢？自己疲于奔命，而且有的时候甚至会出现“抓了芝麻，掉了西瓜”的局面！其实，一位具有现代民主政治意识的领导者，应当抓主要的、事关全局的工作，其余的则按照职责分工，属于谁管的事情，就放手由谁去管。从根本上说，必须使人民群众成为社会主义事业的真正主体，或者说，社会主义社会必须由人民当家作主。如果从政治思维的本质来看，这实际上是一种民主政治原则，当然也是一种民主政治智慧。现代民主政治的本质，是“由民作主”而不是“官为民作主”，“民”，是民主政治行为的主体，即社会的主人；“官”，是为“民”服务的，是社会的公仆。

看来，在社会主义民主政治中，必须放手发动群众，充分发挥人民群众和广大基层干部的积极性和力量，这就是“无为而治”作为民主政治的智慧之所在。

（原载于《学习时报》2013 年 4 月 22 日）

## 八　科学精神：民主机制运行的切实保证

在人类文明的发展过程中，民主作为政治文明的主要形式，在总体上也是呈现进步趋势的，并且不断地提到更高级的历史水平。应该强调的是，推动民主进步发展的决定性因素，是生产力的发展及与其相应的生产关系更新，特别是建立在一定生产关系基础上的社会制度的根本性变革。应该特别提出的是，其中作为生产力要素的科学发展，对社会制度、体制机制变革的推动具有革命性的作用。

我们已经知道，作为社会政治文明形式的民主，是需要一些必需的客观条件的，比如人们在生产活动之外的自由时间和空间，就是民主活动必不可少的条件。民主政治是一种高级精神活动，它需要充分展现人的个性。人类文明发展的事实证明，高科技的发展及其成果的运用，提供给个人能够自由支配的时间和空间越来越多，而这恰恰是人的智慧得以充分发挥的物质条件。对此，大科学家爱因斯坦曾经这样说过："首先使真正民主成为可能的是科学家，他们不仅减轻了我们的日常劳动，而且也造出了最美好的艺术上和思想上的作品，而对这种成果的享受，一直到最近以前都只有特权阶级才有可能，但现在大家却都接近于得到它们了。因此，可以说科学家们已打破了各国的麻木不仁的沉闷状态。"①

近代社会的发展，特别是现代社会的发展，有力地揭示了这样一个真理，即科学的发展对民主的进步，具有巨大的、不可替代的推动作用。我们将越来越深刻地感受到，科学的发展犹如一股不可阻挡的历史洪流，旧的社会关系受到了深刻的冲击。从整个社会的发展趋势来看，这是极为有利于政治体制改革民主进程的事情。同时，我们还会越来越清楚地看到，与不利于民主发展的权力要素的不断消除相联系的，是各种高科技手段的运用，这极大地推进了社会政治发展的民主进程，不断地改变着民主的形式和性质，使民主的发展不断地提高到新的历史水平。

我们已经看到，随着现代高科技的革命性发展，特别是诸如互联网、大数据、人工智能等在社会生活中的运用，信息文明的新时代正在到来。这个高科技时代的本质特征之一，就是社会关系的多元开放，社会信息的平等共享，各种现代媒体的充分发展和广泛运用，如此等

① [德]爱因斯坦：《爱因斯坦文集》第3卷，许良等编译，商务印书馆1979年版，第59页。

等，这个发展趋势的本质要求，就是社会权力结构多元性水平的日益提高，对不同权力主体地位平等的促进，从而形成对权力垄断的有力否定，使特权现象得以不断消除。对权力垄断的否定和特权现象的消除，就必然使大多数人的民主意识得到更快的增强，并且能够使现代民主一些新的表现形式得到更充分的展现。

现代民主的表现形式主要是随着权力结构和信息流通状况的变化而变化。比如，互联网使垂直一元的权力结构改变为横向多元的权力结构，这恰恰是现代民主本质表现形式的分权制衡模式，而这正是社会所需要的稳定权力结构；大数据则使统一集中的信息运行模式改变为分散的广泛的多渠道交流模式，这就必然会扩大人们的知情权、话语权、参与权等，从而不断提高人们的社会主体意识水平，强化大多数人的社会责任感，而这正是现代民主的一个宗旨。现代民主发展的主要形式，突出地表现在国家实体等权力结构的变化上，也表现在社会各种权力主体实际享有权力程度的变化上，而由科技发展带来的这两方面变化，对现代民主的发展都具有积极的作用。这一点，我们将会在今后的年代里越来越深刻地感受到。

我们已经说过，科学作为一种社会意识形式如科学精神，与现代社会的民主意识如民主精神，具有积极的相互渗透关系，在这种相互渗透中，人们的科学意识的肯定性增强，是一种无法否认的历史事实。在科学研究的实践中，人们越来越深刻地感到，自由地探索，平等地讨论，对不同观点采取宽容态度，这是科学精神不可或缺的一种实质内容。同样地，不同社会主体的权力独立平等地运行，互相尊重不同社会主体的平等地位，这也是民主精神的实质性要求。科学精神不承认在认识领域中的绝对权力，更反对借助任何形式的权力来维护自己的研究结论；科学研究中不崇拜任何权威，也不把自己的研究结论奉为不可侵犯的权威，而是认为，在科学研究中，任何一种意见都有权利平等地存在、自由地讨论，只有正确与错误的区别，而没有高下尊卑之区别。这不但是一种科学精神，而且实质上也是一种民主意识。这就是说，在现实生活中，科学精神与民主意识是互相渗透的。很显然，这种性质的渗透，对科学的发展是一种积极的精神力量。

民主意识就其实质而言，也是一种哲学意识。这就是从古希腊开始的思辨哲学，所谓思辨，其主要形式和内容则是平等讨论、互相辩论以及批判探讨等。而古希腊时代的民主则可以说是产生于这种思辨哲学的思想土壤里。关于这个问题，我们还可以深入地进行历史学研究，以求取得真实的历史知识。但是，这个思想史的研究，已经能够有力地说明这样一个真理，即科学与民主是血肉相连的，甚至可以说是同根所生的，而一个直接的历史事实，则是近代科学产生于一种颇有哲学思辨意味的民主意识之中。

科学是一种创造性的社会活动，而人们的创造性的科研，最需要的是自由和宽松的社会环境。一般来说，在民主发达的时期，社会呈现出宽容、宽松的气氛，很显然，这是有利于自由的科学研究的。否则，没有基本的民主，缺乏自由的科研环境，科学自然无法比较快地发展起来，甚至受到压抑。正反两方面的经验教训说明，只有真正的民主才能为科学研究注入活力，而宽松的思想文化环境，则为之提供了创造性研究的保证。

科学作为一种社会建制，它的运行和发展，与整个社会的制度、机制、体制等是密切联系着的，在一定意义上可以说，后者是前者的保证。作为一种社会建制的科学，其发展水平和实际状况，对整个社会各门学科的发展都会产生直接或间接的影响。而这些科学建制往往与社会的政治体制机制特别是与民主发展的状况密切联系着，并且受到后者的制约。当然，健全的民主政治体制，会给予正常的科研活动以制度保证。

在这方面，世界社会主义发展历史中的经验教训，是值得我们认真研究的。其中比较突出的，就是苏联斯大林时代的科学发展问题，而在斯大林时期的突出问题，则是李森科的所谓生物学派，由于斯大林的支持而成为具有垄断性质的学派，对科学问题滥用意识形态标准，打击、排斥本来是科学的一些学派，如把摩尔根学派视为“资产阶级学派”，进行粗暴批判。因此，造成了苏联一个时期生物学发展滞后的状况。这个历史教训说明，如果没有民主和自由的学术研究，就不可能有科学的正常发展。我国“文化大革命”时期的科学发展状况，也可以说明这个问题。

我们从近代文明发展史上正反两方面的经验教训可以看出，那些科学发展得比较快的国家，大多数民主政治比较发达，具有比较健全的制度保证，从而使科学研究得以顺利发展。这一点，不仅可以从中国近代以来的政治制度对科学发展的消极制约中看出来，而且也能够从我国改革开放以来，由于政治体制改革而使科学得到了快速发展的经验中看出来。

随着社会主义民主政治和法治的发展，我们正在走向一个开放的、透明的、真实的社会；同时，我们也不必讳言，在我们的现实生活中，封闭的、神秘的、虚假的现象，并不是绝无仅有的，有时候甚至是很盛行的，它们成为民主发展进程中的阻碍因素。社会发展的大量事实说明，这些社会消极因素的消除，一个重要的途径，是发展科学，提高人们的科学意识水平。在科学昌明的社会环境中，人们的科学精神大大增强的时候，那些封闭的、神秘的、虚假的东西就无处藏身了，而这恰恰是民主发展的重要条件。正是在这个意义上我们可以说，科学与民主的发展是互为条件的、互相促进的，因而是互相结合的，科学与民主的这种有机结合正是我们的力量之所在。

什么是科学、什么是民主，以及科学与民主二者之间的相互关系问题，对于我们许多人来说，本来是属于马克思主义理论的常识性问题，似乎不必大费笔墨；但是，回过头来看看我们走过的曲折道路，从 20 世纪 50—70 年代几次政治运动，特别是 1958 年的“大跃进”和人民公社化运动、1966 年开始的“文化大革命”运动的惨痛教训中可以看出，我们恰恰是在这些常识性问题上犯了严重错误，以至于付出了沉重的历史代价。同时，我们也越来越清楚地认识到，20 世纪 80 年代开始的社会主义改革开放之所以能够取得历史性成就，其中一个重要原因，是我们能够讲科学、讲民主，即在实践中努力发扬科学精神，切实践行民主意识。这个历史经验教训揭示了一个真理：要保证我们的事业能够顺利前进，就必须讲科学、讲民主，而如果不讲科学、不讲民主，我们的事业就会遭受挫折，人民的利益就会受到损害；同样的道理，讲科学、讲民主，是社会主义事业顺利发展的一个可靠思想保证。在总结“文化大革命”等的惨痛历史教训，以及后来改革开放以来的历史经验的过程中，科学和民主的重要历史价值，越来越受到人们的重视。

我们正在进行的建设中国特色社会主义事业，是由党的十一届三中全会开辟的社会主义改革开放事业的继续和深入发展。这在世界社会主义发展史上，是一项前无古人的伟大事业，没有先例可循，没有模式可学，这就决定了它具有史无前例的开创性质。可想而知，要把这个事业继续推向前并使之深入发展，需要全党和全国人民同心协力，克服各种艰难险阻，需要用新的实践解决新的问题，不断地开辟新的道路。而要达到这样的目标，关键何在？这就要充分调动广大人民群众的积极性、主动性，让每个人都能最大限度地贡献出自己的智慧和力量。否则，不管你说得如何天花乱坠，最后一切都可能成空。那么，究竟怎样才能充分调动群众的积极性、主动性，使大家都能贡献出自己的智慧呢？很显然，这是一个需要我们认真研究和深入思考的重大思想理论课题。

关于这个问题，我们应该从十一届三中全会以来的实践经验中去寻找答案。社会主义改革开放以来的实践经验告诉我们，要充分调动人们的积极性、主动性，发挥人们的智慧，需要“两大法宝”——一个是坚持马克思主义的思想路线，另一个是认真贯彻社会主义民主原则。简单来说，一个是科学，一个是民主。

前者，是思想方法的根本改造，实现思想的真正解放。这个问题的核心，是以马克思主义的思想路线取代那些唯心主义和形而上学的思想方法，核心问题就是要解放思想，实事求是，从实际出发，坚持把实践作为检验真理的唯一标准；后者，是继续深入进行社会主义改革，真正实现人民当家作主。其中，特别要通过深入进行社会主义的政治体制改革，全面确立社会主义民主原则，不断巩固和完善人民当家作主的制度体系。

这里应该强调的是，所谓科学问题，就是贯彻马克思主义的思想路线，坚持解放思想，实事求是，从实际出发，坚持把实践作为检验真理的唯一标准，说到底是思想方法的科学化问题。事实证明，如果不确立马克思主义的思想路线，不坚持科学的思想方法，我们就很难从唯心主义和形而上学思维方式的束缚中解放出来，仍然在一些陈旧的、过时了的观念中纠缠不清，浪费大好时光，只好望洋兴叹。社会主义改革开放的经验教训一再证明，不坚持马克思主义的思想路线，没有思想方法的科学化，我们前进的道路上必然会荆棘丛生，寸步难行。

所谓民主问题，实质上是个人民主体问题，或者说，就是切实贯彻社会、国家体制中人民的主体地位问题。长期以来的经验教训说明，当人民群众实际上仍然是被动的客体而不是能动的主体的时候，所谓调动群众的积极性、主动性，人们发挥自己的智慧，必然会流于空谈。比如说，对那些落后地区、贫困地区，解决问题的根本出路，不是自上而下的“帮”和“扶”，而是通过体制改革使那里的人们真正成为解决自己的问题的主人，否则，他们的积极性和主动性从哪里来？人民成为社会主义事业的主体，成为自己命运的主人，这是一个伟大的动力之源。从中国的社会主义改革开放事业开始，一直到我们正在进行着的中国特色社会主义事业，那些具有决定性意义的历史事件，诸如农村经济体制改革的实践（如联产承包责任制）、城市企业改革中的一些成功尝试，等等，并不是高层领导的设计，而基本上都是来自基层群众的首创。中国农村和城市社会主义改革开放的实践经验，已经反复证明了这条马克思主义的真理，今后中国特色社会主义事业建设中新的实践经验，还将进一步证明这条马克思主义的真理。

（原载于《哲学思维与科学精神》，中共中央党校出版社 2020 年版）

· 第九题 ·

# 我们怎样才能真正获得自由

在几乎是艰苦绝望的人生环境中，我们为什么还要苦苦挣扎，努力奋斗？人们都在争取什么？一言以蔽之：自由！

为什么人们宁愿付出最大的牺牲，也要争取自己的自由？因为“不自由，毋宁死”！

严酷的社会生活事实说明，一个人如果被剥夺了自由，那将一事无成，甚至可以说会失去一切！

所以，“生命诚可贵，爱情价更高，若为自由故，二者皆可抛”！

那么，我们究竟应该如何科学地认识自由的本质和价值？我们怎样才能获得真正的自由？这是需要我们认真研究的哲学课题。

## 一　决定论与自由意志

在马克思主义产生之前，“决定论”这个概念，在一些自然科学家中比较流行，并且影响很大。比较早的提倡者，是 18—19 世纪的法国数学家和哲学家皮埃尔·拉普拉斯。他根据自己对牛顿力学基本原理的研究，认为太阳系是一个稳定的体系，世界上的一切，都是已经被决定了的，万事万物都有着不可改变的因果关系链条。因此，他的这个思想，被称为“机械决定论”，也就是后来人们所说的“拉普拉斯信条”。关于这个“机械决定论”，拉普拉斯有一个典型说法：“世界好像是一条卷着的巨大的毛毯，图案花纹早已织好，只是随着时间的推移在逐渐展开而已。宇宙又好像是一本早已写好了的书，时间老人在一页一页地翻着，但每一页上的每一个字、每一个标点符号，都是早已确定了的。”也就是说，宇宙中的一切都是早已被决定了的，甚至所有的细节都已经被安排好了。

这样的思维模式就意味着，世界上发生的每一件事情，包括每个人的每一个行动，甚至是每一个思考及其结果，都是在一定条件下形成的，都是被某种规律决定了的。也就是说，根本就没有什么意想不到的事情，不存在任何奇迹，也不可能有什么偶然的事情发生，一切都早已被安排好了。同样地，在人世间，或者荣华富贵，或者穷困潦倒，那都是注定了的事情，只能听从命运的安排。从这里可以看出，这样的“决定论”，就是“机械决定论”，而且从根本上说是一种宿命论。

在当时的学术界，与这种“决定论”相对立的，是“非决定论”。这种“非决定论”，与“决定论”的观点针锋相对。持这种“非决定论”观点的人认为，世界上事物的发展，根本没有什么因果关系，既没有时间上的顺序，也没有空间上的秩序，也就是说，根本不存在什么客观规律的作用，一切都是随机的、偶然的。按照这样的思维逻辑，宇宙中的任何现象及其变化，都是不可认识的，因此，都具有神秘的性质。为什么会是这样的呢？按照“非决定论”者的说法，这一切都是由一种“自由意志”决定的，所以，这种“非决定论”，也被称为“自由意志论”。

根据“自由意志论”者的说法，每一个人的每一个行为，没有任何客观制约，各个行为之间没有任何因果联系，似乎一切都是随心所欲的。这是因为，人们的行为完全是由自己的意志自由决定的。这样，“自由意志论”就走到了与“决定论”对立的另一个极端。

那么，对于客观事物发展中的“决定论”与“非决定论”观点，特别是对社会生活中人世间现象的“决定论”与“非决定论”观点，即“决定论”与“自由意志论”的对立，究竟应该怎样认识呢？

“决定论”与“非决定论”这两种观点，各持一个极端。比如，人们的行为，或者是完全由客观规律所决定，也就是说，每个人的一举一动都死死地固定在因果关系的链条之中；或者完全是由自己的意志自由决定的，根本不受任何客观条件的制约，也就是说，每个人的一举一动，没有任何因果联系，外界根本无法认识。所以，从思维方法的特点来看，二者实质上都属于绝对化的形而上学观点。

作为形而上学的思维形式，“决定论”与“非决定论”，实质上都是在“不能相容的对立中思维着”。在“决定论”者看来，一切都是被决定的，而在所有被决定的事物和行为中，没有一丝一毫的自由的、非决定性的因素起作用；在“非决定论”者看来，万事万物都是在由自由意志支配的范围内，而在自由意志起作用的过程中，客观条件、客观规律根本不起任何作用。

在客观世界的运动、发展、变化过程中，特别是在人世间的各种行为中，实际情况是这样的吗？如果我们认真仔细地观察客观世界，实事求是地研究社会生活，就会得出这样的结论：如此“纯粹”的现象，是不存在的。

实际情况是什么样呢？那就是，在客观世界的运动、发展、变化过程，特别是在人世间的各种行为中，没有“纯粹”的被决定的情况，也没有“纯粹”的由自由意志起作用的情况。实际情况是：在被决定的事物或行为中，有某种自由意志的因素起作用；反过来也如此，在由自由意志起作用的范围里，也有某些决定性的因素，比如客观条件、客观规律起作用的情况。这就是说，在任何事物的发展过程中，客观规律和主观的不同因素，都在起作用，或者是交替起作用。这就是客观世界运动和发展的辩证法。

在我们的实际工作中，克服把“决定论”与“非决定论”这两种观点绝对对立起来的形而上学思想方法，是很有价值的。一方面，我们应该警惕“决定论”的影响，彻底抛弃宿命论的消极无为思想，要把自己的命运掌握在自己的手里，做自己命运的主人；另一方面，也必须克服“非决定论”思想的影响，改变那种不顾客观条件、违反客观规律的唯意志论思想方法，真正养成实事求是、从实际出发的思想作风。

（原载于《学习时报》2013 年 9 月 9 日）

## 二　自由：创造性思维的灵魂

五四运动以来，匈牙利诗人裴多菲的著名诗句“生命诚可贵，爱情价更高，若为自由故，二者皆可抛”曾经在我国广为流传，对许多青年人追求自由、民主，进而投身革命，产生过很强的激励作用。在后来的革命年代里，他们在“为自由而斗争”的旗帜下，前仆后继，流血牺牲，书写了可歌可泣的一页。一大批热血青年，在白色恐怖下，怀着为自由而斗争的理想，奔赴革命圣地延安，经过民主主义革命的洗礼，成长为共产主义革命家。“争取自由”——这是一种伟大的精神动力！

说到自由的这种伟大力量，我们还要特别注意到，与上述情况并列的，还有另一种“为自由而斗争”的革命力量，那就是那些追求民主和革命的学者和文艺家。在反对封建专制的斗争中，在为民族解放的浴血奋斗中，他们呕心沥血，创作出了讴歌自由、反对专制政治的不朽篇章。陈独秀的《〈新青年〉宣言》，鲁迅的《狂人日记》，郭沫若的《女神》，巴金的《激流三部曲》——《家》《春》《秋》，曹禺的《日出》《雷雨》等，脍炙人口，风靡一时，传播着自由的精神，激起层层思想巨澜。追求自由为什么会激发出这样神奇的创作力量？因为自由——这是创造性思维的灵魂！

对于每个人来说，自由，最根本和最主要的，是思想自由。所谓思想自由，就是每个人能够自由地思考问题。这里所说的“自由地思考问题”，是根据自己的意向，选择自己感兴趣的问题，以自己特殊的方法，用自己的特殊风格，来进行研究和创作。我们前面所列举的历史名篇，都是这种自由创造的产物。不言而喻，根据某种“指令性计划”，是不可能产生出这些伟大作品的。

“自由地思考”“自由地研究”为什么会造就这样一批伟大的思想家，产生这样一批传世名作呢？这还需要从“思想”的本性说起。思想是什么？作为人的自我意识的集中表现，思想是人的精神产品的精华，是人之所以为人的本质特征。换言之，思想是人的本质的表现形式，是人作为人的尊严之所在。这样，思想必然要反映出人的自由发展要求，所以，自由必然是人的思想的本性。上述那些作品，之所以成为历史名篇，是因为它们都蕴含着深刻而崇高的思想，而这些思想都闪烁着自由的光辉。试问，谁不渴望追求自由呢？

真实的人，是自由的人，而自由的人，都会具有鲜明的个性，这就决定了，人的思想也必然在动态的发展中显示出各种各样的特性。也许是这个原因，有一位思想家说，那种四平八稳的东西，是算不上思想的。的确如此，因为真正称得上是思想的，必然表现得有锋芒、有批判性、有尖锐的针对性。什么是思想？就是主体所自由思考、自由表达的精神成果。所以，如果没有自由，就不可能产生思想。

自由之所以成为创造性思维的内在动力，是因为人对自由的追求本身，具有开放的性质。自由思想的开放，就意味着，主体的思想活动不受思想之外的任何因素的束缚，否则，也就不成为真正的思想了。黎巴嫩裔思想家纪伯伦在说到思想的本性时，作过这样的比喻：“思想是天空中的鸟，在语言的笼子里，也许会展翅，却不会飞翔。”但是，真正的思想是任何力量都无法封锁的，因为没有自由，就不可能有思想的存在。

自由之所以成为思想形成和存在的首要条件，是因为自由意味着思想主体选择的多元化。也就是说，思想的主体是自由的，因此，思想主体之间是平等的，它们不受任何权威的支配。从肯定的意义上说，每一种思想，在存在和传播上都有同样的权利，任何思想都应该自由地发展。这样，多元并存的不同思想流派、不同思想体系、不同学术观点，必然会形成一种矛盾的状态。因此，也就造成了各种学术思想的自由竞争局面。正反面的经验教训都一再说明，只有这样，才能迎来学术界和文艺界“百家争鸣、百花齐放”的局面。这里面的真正动力是什么呢？答曰：学术自由、创作自由。一句话，是思想自由。

由于教条主义和“左”的思维方式作怪，不少人似乎患上了一种所谓“自由恐惧症”，他们总是竭力回避“自由”这个词，比如，有的人用“学术民主”来取代“学术自由”。如果把“学术民主”作为学术管理工作的一种要求，看来没有什么不妥，但是，在学术研究工作中，却不能一般地用“民主”的办法，而必须实行“自由”的原则。请想想看，如果发生了不同学术观点争执不下的情况，我们能用所谓“少数服从多数”的表决办法来下定论吗？当然不行，必须经过自由争论，由社会实践来下结论，而这个结论的作出，是不能有时间规定的。有人说，总也无法下定论怎么办？那就自由地争论下去。

“自由——这是创造性思维的灵魂”，这句话同样适用于我们的领导工作。它的重要价值在哪里呢？这就是要取得“领导自由”！这里所说的“领导自由”，就是在正确运用客观物质条件的基础上，准确把握规律，充分发挥自己的主观能动性，创造出优秀的业绩来。毛泽东曾经以指挥战争的军事艺术作比喻，生动地说明了这个道理。他说，战争的指挥员应该是勇敢而明智的英雄，他们不但要有压倒一切的勇气，而且还要有驾驭整个战争发展变化的能力。“指挥员在战争的大海中游泳，他们不使自己沉没，而要使自己决定地有步骤地达到彼岸。指导战争的规律，就是战争的游泳术。”

社会主义市场经济，是我们各级领导者置身其中的一个汪洋大海。把握了市场经济规律，就是学会了在市场经济大海中的游泳术。这样，我们不仅不会沉没，而且还能够主动自如。达到了这种状态，就足以说明，我们已经取得了市场经济工作的“领导自由”。而一旦取得了“领导自由”，我们就能够创造出新局面来。

（原载于《学哲学用哲学》，中共中央党校出版社 2013 年版）

## 三　多向思维的力量

举世闻名的葛洲坝水利枢纽工程，从 20 世纪 50 年代中央开始提出设想，到 20 世纪 70 年代真正决定建设，中间又几经周折，一直到 80 年代才正式动工，这期间经过 30 多年的反复研究、各种形式的讨论、多方面征求意见，最后中央才下决心，作出了决策。所以，葛洲坝水利枢纽工程是中国几代人的智慧结晶。须知，这个集中全国人民智慧的过程，是对各种各样的不同意见、特别是各种各样反对意见的综合，而且直到现在，仍然有明确的反对意见！所以，就葛洲坝水利枢纽工程决策的形成来说，是一种多向思维的力量。

什么是多向思维？很显然，这是针对单向思维而言的。所谓单向思维，就是按照既定的思维方向，遵循同一个思路，追求一种固定的思想结果。因此，这样的单向思维，也可以被称为直线式的、一元的思维方式。从葛洲坝水利枢纽工程的决策过程来看，多向思维与单向思维的本质区别在于，思维主体具有多元性，而且思维方式本身也是非直线式的、多元的。这就是说，在多向思维的过程中，思维主体并不是按照既定的思维方向，遵循同一个思路，追求一种固定的思想结果，多向思维是一种横向探讨式的，同时以不同的思路、可以得出一些可能是未曾预料到的不同思维成果。

从这里可以看出，单向思维是比较稳妥的思想方法，它能够保证不偏离思维主体已经确定了的价值目标；但是，这种线性的、单向的、一元的思维方式，决定了它的思维成果的唯一性，因此，一旦发生错误，就别无选择而无法挽回了。与单向思维不同的多向思维，就能够克服这样的局限性。因为这种思维方式具有多元性，可以由不同的思路、不一样的思想方法得出一些迥然不同的思想结果，从而能在其中进行最佳选择，而且能够最大限度地避免那些无法挽回的错误决策。

由此可见，多向思维对于一个决策集体的价值是十分重要的，而对于作为个体的思维主体，同样很重要。社会生活是复杂多元的，因此，反映在我们每个人的思维方式上，也必然会呈现为一种多向思维的状态。当然，有些人由于受形而上学思维方法束缚比较严重，思考问题总是喜欢单向的、一元的、绝对化的思维方法。实践证明，这样的思想方法，常常会使自己陷入被动局面。如果能够运用多向思维的方法，多一些思考问题的辩证法，人们的思路就会更加开阔，而不同的思路及其相应的不同思想结果，就会为人的选择提供更多的余地，在更大的限度里保证自己的思想更加符合客观实际。

多向思维不仅能够保证人们认识的真理性，而且对人们的思想发展具有特殊的价值。因为我们可以看到，主体在思维过程中，可以不受任何束缚地进行探讨，尽量地发挥，这就会明显增强主体的思想自由度；另外，同一个思维主体，同时并存的几个思考方向，必然会形成一定的思想张力。这样，在不受外界束缚的自由思考中，多极的思想张力，必然会激发人的思想创造性。我们应该承认一个事实，即有不少人正是在似乎是漫无边际、杂乱无章的万千思绪中，抓住了其中的一个奇思妙想，从而取得了意想不到的成就！

多向思维对一般人提高思想水平具有特殊的价值，而对那些居于决策地位的领导者来说就更是如此了。许多领导者会有这样的经验，在作某个重要决定的时候，与其关起门来冥思苦想，不如到各种人群中去广泛征询意见，集思广益，这就能够最大限度地避免作出错误的决定；同时，与其只拿出一种自认为正确无误的方案，不如多拿出几个不同的方案，在比较中作出最佳选择，这样就更能够保证所作决定的正确性。这也就是人们要求领导者的多谋善断。

学会运用多向思维，实际上是要人们自觉地克服那种“非此即彼”或者是“在不相容的对立中思维着”的思想方法，用辩证法的多极思维方式取代形而上学的两极思维方式。所以，在头脑中自觉地养成多向思维的方法，就是要求我们每个人，特别是领导者能够克服先入为主的、单向的思维定式，自觉地、耐心地尽量多听取各种各样的不同意见，作决定的时候，尽量多拿出几个不同的方案，多考虑几个不同的可能性，多设想几个不同的结果，如此等等。事实证明，这样的多向思维，能够使我们的思想更加灵活一些、更加自由一些，思路更加开阔一些，因此，工作上的创造精神会更多一些！

（原载于《学习时报》2012 年 6 月 4 日）

## 四　逆向思维的价值

2010 年 11 月 15 日，上海发生了一起特大火灾事故，是一座高楼起火，导致 50 多人死亡。人们痛定思痛，政府领导人和普通老百姓都在苦苦思考，究竟是什么原因引起了这场特大火灾呢？按照常规，要从楼房的工程质量查起，一步一步地追究责任，这自然是能够查出真实原因的。

其实，也可以从另一个角度来考虑问题。比如，先从涉嫌这起重大事故犯罪嫌疑人的身份来考虑这个问题。最后人民检察院决定批捕的犯罪嫌疑人有哪些呢？其中主要包括上海静安区建设总公司原法定代表人、总经理，上海佳艺建筑装饰工程公司原法定代表人、总经理，上海静安区建筑工程监理有限公司，以及物业管理有限公司负责人等。那么，这起重大事故犯罪嫌疑人的身份，说明了什么问题呢？首先可以肯定的是，上海“11・15事件”是一起责任事故，而不能简单地视为工程质量事故；进一步研究，从这几个公司的关系上还可以看出，火灾发生的深层次原因是建筑业的管理体制出了问题；再进一步思考，还能够看出，火灾发生的更深层次原因是建筑业管理中的法律机制出了问题。

探讨这起特大火灾事故原因的过程中所运用的这种思考方法，与通常的检查方法不同的是，不是从头开始查起，而是从最后的处理结果开始。很显然，这个思考方法，超出了一般的对工程事故的判断，从管理机制、法律体制方面，探讨了事故原因的本质所在。就研究方法来说，与通常的思维不同，不是按照正常的方向，而是从相反的方向来思考问题，所以，这可以被称为“逆向思维”。

什么是“逆向思维”呢？

美国学者德姆・巴雷特在其所著的《逆向思维：释放你潜在的创造力》一书中，对这个问题进行了认真的探讨，他提出了以下一些有创见的观点：

“反向思维的艺术可以简单地表述为：把你的思想从常规中摆脱出来。简言之，就是要开动脑筋，冲出俗套。

“反向思维的艺术包括训练你的大脑朝与一般的大众舆论相反的方向进行探索；但是，要用当前所发生的事件和人们所表现出的行为来衡量你的结论。

“所谓反向是指你与那些显而易见的东西相对立，要做到这点往往是不容易的。

“很少有人费神去看待问题的正反两个方面——确实，对问题的一个方面做认真思考的人为数也不多。

“运用‘对立的方法’在于透彻地思考某一特定的难题，以便获得一种与众不同的解决难题的新途径。

“根据反向观点理论，如果每个人的思想同出一辙，那么，我们就要表达相反的观点。”

……

从这些有价值的观点中，我们可以看出，德姆·巴雷特所谓的“逆向思维”或者说“反向思维”，其实质是在事物的对立面统一中来思考问题，它否定了那种认为任何认识只有一个思路、只有一种逻辑顺序、只有一种肯定性结论的单向的思维方法。他认为，这种“逆向思维”，在本质上是一种创造性的思维方式，所以，运用逆向思维能够释放出潜在的创造力。

我们从一些富有创造性能力的领导者那里，可以看出他们在思维方法上有一个明显的特点，就是能够摆脱习惯力量的束缚，以一种突破常规的新思路，提出在一般人看来是“违背常识”的一些独特见解，拿出与众不同的，甚至是惊世骇俗的举措来。实践证明，恰恰是这样的“逆向思维”，才能在积重难返的情况下，打开改革的新局面。

现实的社会实践，实际上，常常充满了“悖论”，那种单向的发展结局、一厢情愿的前途，是十分罕见的。所以，思维方式的单向性，常常会使我们陷入尴尬局面。实践证明，这样的“逆向思维”，对于激发我们的思想活力、增强我们的创造性能力有特殊的价值。这里的关键在于，我们能不能破除僵化了的思维定式。而要做到这一点，根本的出路，就是克服形而上学的束缚、用辩证法来改造我们的思维方法。在一定的意义上，可以说这是一服思想上的“灵丹妙药”。

比如，在研究一个项目的实施过程中，人们习惯于进行“可行性研究”，这当然是一个重要的研究方法；但是，这种方法的思想倾向性是单一的，它的这个思维特点，使决策者们的思路按照一个方向，竭力为证明方案的正确性而寻求证据。实际上，“可行性研究”本身，应该包含着“不可行性研究”。显然，当我们的“不可行性研究”失败的时候，就是“可行性研究”成功之日。

此外，还有人常常习惯于研究“成功学”，这自然是必要的，因为历史上那些伟大事业成功的范例，的确是人们取得事业成功的经验宝库。但是，必须知道这样一个事实：每一个成功，都是以无数的失败为代价的。就这一点而言，失败的教训，甚至比成功的经验更宝贵。所以，不少人已经意识到了一个真理：研究“失败学”比研究“成功学”更重要！

一位智者说过，当大多数人都在向着一个方向走去的时候，这个方向很可能就是一个错误的方向!

人世间的经验教训说明，这句话中充满了哲理；但是，需要再说一句话：千万不要用形而上学的思维方法去理解它!

（原载于《学习时报》2013 年 9 月 30 日）

## 五 思想不可定于一尊

在 20 世纪 50—70 年代，由于“左”的指导思想占统治地位，伴随着“文化大革命”的到来，国内掀起了一场所谓“学习毛主席著作”的高潮，与此相应的，是大肆宣扬“读毛主席的书，听毛主席的话，按毛主席的指示办事”，把毛泽东的一本书、一篇文章、一句话，甚至是只言片语，作为全党、全军、全国人民一切工作的“最高指示”。这样做的结果，实际上就是把全中国每个人的思想，统一到毛泽东一个人的思想上来。换句话说，就是要求所有的人，都要把毛泽东一个人的思想作为自己的思想。

这样的做法，在今天的人们看来很荒唐，然而，在当年却是一个事实！那么，为什么在已经进入文明时代的中国社会，竟然会产生这种不可思议的现象呢？就当时国内的原因来说，就是正在兴起的一股个人崇拜热潮；而就更深刻的历史原因来说，则是中国自古以来那种习惯于把“思想定于一尊”的传统作怪。

在古代中国长期以来的封建专制统治下，“独尊儒术”影响深远，儒家学者是“以孔子之是非为是非”，一位儒家学者竟然说过，世上如无孔子，将万古如长夜！这种“思想定于一尊”的状况，对中国人的思维方式，起了极为有害的作用。五四运动时期，对这样的思想禁锢曾经进行过猛烈冲击，激进思想家们明确提出，反对“思想定于一尊”。但是，由于种种原因，这种顽固的思维方式，仍然在不同程度上束缚着人们的思想，对社会发展起着消极的制约作用。

无论是历史的还是现实的经验教训都说明，“思想不可定于一尊”。为什么思想不可定于一尊呢？从根本上说，这是由思想的本性决定的。什么是思想呢？关于这个问题，历史上的理论思想家和政治思想家们，从不同的角度作过不同的解释。其中，美国心理学家、实用主义哲学家威廉·詹姆斯（1842—1910）有一个独特的解释。

詹姆斯认为，人的思想有以下五个特点：思想总是个人的思想，这就是说，思想总是属于个人的，每个人的思想都是不同的；思想永远是变化的，也就是说，每个思想都是独一无二的，任何思想永远都是新的，而不是僵化不变的；思想总是连续的，因为思想就是一种意识流，这就是说，人的思想是一个过程；思想必有不以思想为转移的对象，这就是说，思想的对象是客观的、实在的；思想总是有选择性的，总是与人的利益和兴趣相关的，也就是说，思想不仅要反映客观实在，而且也是人的主体能动性的一种反映，它表现着人的主观意向、需求、愿望等。

在马克思主义看来，思想是人的一种意识现象，是客观存在的一种反映形式，当然，思想这种意识现象，与一般的意识现象还是有本质区别的。简单说来，所谓思想，就是在借鉴前人理论成果的基础上，通过总结实践经验而形成的有价值的、独创的见解。可见，思想的获得是一种学习和实践的结果，它反映了人们认识过程中那些有突破性的新成果。

指导人们进行创造性实践活动，这是思想的特殊价值。对于我们来说，这样的思想，就是马克思主义的真理；而具体来说，就是我们每个人以学习和继承前人的理论成果为基础，在对自己的实践经验总结中所提出的独特思想见解，它是马克思主义普遍真理的体现。事实证明，在独创性思想的指导下，才能形成创造性的实践。所以，在学习和研究的过程中形成自己具有独创性的思想，这就是我们学习和研究工作最主要的价值目标。

人们如果具有鲜明个性特征的思想，那就必然会形成独创性的思维方式。这种个性鲜明的主体精神及其独创性的思维方式，使人们勇于挑战权威、大胆接受新观念、敢于打破常规，这样就会富于创新能力，从而作出常人所不可能作出的杰出贡献。这正如一位政治家所说的，任何人都不可能借模仿成为伟人。

充分认识思想的这一本质特点，对于我们各级干部领导能力的增强、水平的提高，是有重要启发意义的。领导干部应该成为有思想、有自己见解的马克思主义政治家；否则，一位领导干部，如果不勤于学习、不善于思考，没有自己的思想、毫无主见，只会重复“上级指示”，当“传达室”，或者照念秘书写好的稿子，人云亦云，是不配被称为政治家的。因为现实的政治生活、政治斗争是极其复杂多变而又充满风险的，那些没有思想的人，或者准确些说没有自己的思想的人，是不可能有什么作为的，而且常常会成为某些政治势力的牺牲品，甚至有可能被政治风浪吞没。

作为群众的领导者，自己应该是一个有思想的人，同时，又要善于把人民群众的思想引导到正确方向上去。但是，绝不能用强制的手段把群众的思想统一到自己的思想上来！要做到这一点，就必须根除“思想定于一尊”的专制作风。

（原载于《学习时报》2013 年 7 月 15 日）

## 六　摆脱困境的博弈之路

现代社会，在市场经济活动中，企业家或投资者，经常会看到许许多多的不确定性，比如，市场行情的频繁变化，股市的不断波动；在民主政治生活中，作为某个地方的领导人，常常会遇到各种各样的突发事件，如，突如其来的上访、游行示威、罢工等。在这样的复杂情况下，人们从自己切身利害的考虑出发，就面临着对如何处理这些事件的选择问题。一些经济学家或者数学家，对这样的问题进行了科学研究，于是就形成了所谓的博弈论。

什么是博弈论呢？为了使人们能够理解这个理论的实质性内容，

一些学者常常引用“囚徒困境”这个案例。

所谓“囚徒困境”，是指这样一个故事：有两个犯罪嫌疑人被公安机关捉拿归案，他们分别被单独告知，如果两个人都招供，那么两人都会被判五年徒刑；如果只有一个人招供，那么，这个人将当场宽大释放，另一个不招供的人则会从严判十年徒刑；如果两个人都不招供，凭已有的证据，将各判一年徒刑。在此情况下，两个人都面临坦白和不坦白两种选择，而且每个人的利益不仅取决于自己的选择，还取决于另一个人的选择。这样，两个囚徒就如何选择才能对自己有利的问题，都面临着困境。在这样的情况下，他们各自的命运结局，取决于他们各自的选择策略。

权衡利害来看，每个人最优的选择是招供，因为如果另一个人不招供，那么他可能侥幸被释放；如果另一个人也招供了，他最多判五年徒刑；而如果不招供，那风险是很大的，因为一旦另一个人招供了，他就会被判十年徒刑。

在对所谓“囚徒困境”的研究中，我们要认识到，为了自己最大的利益，博弈中每个局中人的决策，不是一种道德行为，而是一种理性行为。这就是说，博弈的每个局中人试图去实施对自己可能最有利的决策选择行为，一般不能用道德标准去衡量，因为他们在进行自己的决策选择行为时，已经意识到了这有可能损害其他局中人的利益。当然，在现代社会的市场经济竞争中，对“囚徒困境”的所谓“理性行为”，不能作形而上学的理解，认为竞争的双方似乎只能是你输我赢、你死我活的结局；实际上，在现代社会的经济、政治竞争中，通过合作中的妥协来达到各个局中人都有所得的结局，是能够实现的。“囚徒困境”所揭示的博弈智慧，不仅是对各自利害的权衡，而且也来自人们对人性奥秘真实而深刻的认识。

“博弈论”的英文是“The Game Theory”，而汉语中的“博弈”，是指下棋游戏的过程，游戏中两个以上的参加者（即所谓“局中人”）在游戏中都有自己的切身利益，因此，每个局中人都要为自己的利益作出最佳选择，但是，他们各自的不同选择又必然会影响到其他局中人的切身利益。这样，各个局中人由于理性地选择自己的策略行为，而最大限度地取得自己的利益，这就像下棋游戏中的各方使尽浑身解数、寻找一种策略使自己尽可能保证赢而避免输一样。

现代博弈论，常常需要复杂的数学运算，我们这里只是就一般利益关系，从哲学方法论的角度进行一些一般性的研究。

我们可以看到，在博弈的过程中，一个关键是所有局中人的利益，都存在于这种相互制约、相互影响的相互依存关系中。这个相互依存，对博弈论来说具有实质性的意义。所谓相互依存，一般是指博弈过程中各个局中人自己的策略选择的相互影响，或者说，每个局中人的策略选择行为对其他局中人的利益都有切身利害关系。由于这种相互依存性，每个局中人都不可能控制游戏或博弈的结果，但是，每一个局中人的决策，都会对博弈的结果产生影响。所以，由于这种相互依存关系的存在，博弈中的每个局中人之间必然产生竞争，他们通过各种竞争手段来达到自己最高的目标，争取到自己最大的利益。这就是说，博弈的焦点是利益问题。

这样，我们对博弈论的实质就可以有一个进一步的概括了。所谓博弈论，就是对“社会性游戏”中，在相互依存情况下，为实现各自利益最大化进行决策选择的理性行为的研究。再直接一点说，博弈论就是对人们在竞争中寻找赢而避免输的决策选择行为的研究。在激烈的利益竞争中进行恰当的“决策选择”，这当然需要知识，但是，更需要智慧。所以，在这个意义上可以说，博弈论是一种“智慧论”。当今世界，在国际上，我们面对激烈的经济、政治竞争；在国内，也面对着极其复杂的社会矛盾，许多棘手的问题需要我们去解决，这也是一种特殊的经济、政治竞争，而要赢得这些竞争，尤其是经济、政治竞争，当然首先要靠强大的经济、政治实力，但是，更需要智慧。

从关于博弈论的这些实质性介绍中我们可以看出，博弈论既是一种策略思维，也是一种战略思维，它是人类的高层次智慧。经济学家萨缪尔森说过：“要想在现代社会做一个有文化的人，你必须对博弈论有一个大致了解。”这句话对现代社会的领导者来说，也是有价值的。

（原载于《学习时报》2013年5月13日）

## 七 “闲暇”的特殊价值

一提起“闲暇”，许多人把它看作是无所事事，也就是说，认为“闲暇”是没有什么价值的时间，因此，它是可以随便打发的时间。其实，这是对“闲暇”的一种误解。因为在人的现实生活中，“闲暇”也是实实在在的时间，同样有着肯定的价值。就汉语中“闲暇”的含义来说，它是指职业工作之余的时间，俗称“业余时间”，或者说“八小时以外”。“闲暇”的实质，是指除了公共职务工作、个人及家庭生活必须支出的时间之外的，可以完全由个人自由支配的那些时间——“个人的时间”。大科学家爱因斯坦说过：“对于个人，存在着一种我的时间，即主观时间。”概言之，“闲暇”就是一种完全属于个人的自由时间。因此，“闲暇”这样的自由时间，对于每个人都具有特殊的价值。

在人的一生中，真正的“闲暇”是一种难得的时光。这段时光之所以难得，因为它不受任何人干扰，而且是完全由自己自由支配的。对于那些勤于思考的人来说，“闲暇”尤其可贵，这是由于它给予了人们进行任何一种不受束缚的思想探索的机会。这就是说，“闲暇”是人的天赋创造性才能得以发挥的自由时间。我们在科学史中可以看到，不少科学家正是利用“闲暇”，在自己的“第二职业”中作出了不朽的历史贡献。

这样的例子能够举出很多。哥白尼的正式职业是大主教的秘书和医生，而他在“闲暇”中从事的“第二职业”却是研究太阳系学说，正是这个研究成果成就了“哥白尼式的革命”！爱因斯坦开始的职业是专利局的职员，而他在初期的“闲暇”中从事的“第二职业”却是力学研究，其成果就是作为划时代贡献的“相对论”；费马的本职是律师，而进行关于概率论、解析几何的研究并作出了巨大贡献，则是这位大数学家的“第二职业”；等等。

为什么人在“闲暇”中能够释放出如此巨大的潜能？最根本的原因是，个人兴趣的满足，必须有充分的自由时间，而个人兴趣是人的创造性能力尽情发挥的广阔天地。关于这一点，我们可以从被称为“闲暇”理论的一些思想中得到某种印证。

近代英国哲学家霍布斯曾经提出这样一个命题：“闲暇是哲学之母。”一般来说，哲学意味着创造性的思维，意味着无穷的思想探索，那么，为什么人在“闲暇”中能够进行卓有成效的哲学研究呢？或者说，为什么人在“闲暇”中才能进行创造性的思维活动呢？这里的关键是，我们对人生中“闲暇”的本质，究竟是作消极的理解，还是作积极的理解。对此，马克思说过：“时间实际上是人的积极存在，它不仅是人的生命的尺度，而且是人的发展的空间。”我们自己的人生经验也说明，“闲暇”这个“时间”和“空间”，不是一种“消极存在”，而是我们的一种“积极存在”，有了这样的积极存在，我们将能够有更充分的创造自由和广阔的发展天地。

由此可见，作为一种科学研究的术语，所谓“闲暇”，并不是人们无所事事、穷极无聊，而是人的意志自由的充分展现、人的个性的尽情发挥。很显然，意志自由的充分展现、个性的尽情发挥，也就是人作为思考主体的真正解放。自然地，这个过程本身，也就是自由地进行创造性思维的过程。不言而喻，这需要自己能够自由支配的时间，同时，也需要自主活动的空间。这里所说的人能够“自由支配的时间”和“自主活动的空间”，也就是我们所说的“闲暇”的本质。

从上述对人的“闲暇”的本质的阐述中，我们还可以作出进一步的论断："闲暇"就是"自由"，而自由则是人的一切创造性活动的前提。一般来说，人的创造性活动的一个本质特征，是他对事物本性探索过程中的热情、兴趣，是他的个性的充分发挥。而这些思维特征，只有在所谓"闲暇"——自由的时间和空间中，才能得到尽情的展现，显示出自己的创造性才能。萧伯纳说，真正的闲暇并不是说什么也不做，而是能够自由地做自己感兴趣的事情。这就是说，每个人的个人自由，是他进行创造性活动的一个必要条件；对一个社会来说，也是如此。马克思在《资本论》中写道，剩余劳动一方面是社会的自由时间的基础，另一方面是整个社会发展和全部文化的基础。所以，"从整个社会来说，创造可以自由支配的时间，也就是创造产生科学、艺术等等的时间"。简而言之，没有自由，就不会有创造性思维和创造性活动，从而也就没有科学、文化、艺术的真正繁荣。

有一位哲学家说，一个人如果要超群出众，就必须有发明创见，而这往往取决于他对业余时间有效利用的程度。现代社会的领导者，应该从这句富有哲理的话中学到人生智慧：忠于职守，但是又要善于摒弃那些无谓的应酬，学会忙里偷闲，尽可能有效地利用业余时间去读书和思考，使自己在某一个领域中具有真知灼见，这样才能成为一个出类拔萃的政治家。

（原载于《学哲学用哲学》，中共中央党校出版社 2013 年版）

## 八　从“必然王国”到“自由王国”

在我国改革开放初期，随着商品经济的发展，市场经济潮流的兴起，经商对许多人产生了极大的吸引力，人们纷纷“下海”，成为一种时尚。不过几年下来，当年那些“下海”的人，发生了明显的分化：一部分人发了财，甚至成为商界名人；但是，却有相当多的人，生意平淡，甚至有些人还赔了钱，以至于从此就退出市场，另谋生路去了；当然，还有个别人，出于种种原因，沉没于商海，从此就消失了。对于我们这一代人来说，这的确是不能不反思的历史一幕。

人们投身在同一个市场中，为什么会有这样截然不同的结局呢？许多人在总结这段历史经验教训的时候，作了这样的分析：那些“发达”了的人，由于有一定的市场经济知识和经验准备，头脑灵活，所以在商海中比较主动，能够充分发挥自己的才能，取得了成功；而其他“下海”者，由于缺乏基本的市场经济知识和经验，一开始就处处被动，虽然拼命挣扎于商海的风浪里，但是，结果经营失利，最后成为“失败”者。从这个比较中，可以看出什么问题呢？前者在市场经济活动中，比较自由，能够发挥出自己的作用，达到预期的目标；而后者，基本上没有自由，无法发挥自己的作用，很难达到预期的目标；至于那些沉没于商海中的人，则可以看作是经济改革的“牺牲者”了。为什么会有这样的结局呢？这是因为，市场经济的海洋，对他们来说，还是一个“必然王国”。

这里所说的“必然王国”，就是那种由自身规律构成的客观环境，比如说自然界的某个特殊领域。社会生活中的某个特殊领域，也在按照自己的必然规律运行着。对那些生活于其中的人来说，这个特殊领域中的客观规律，还没有被他们认识，因此，在这些客观规律面前，他们的行为具有很大的盲目性，他们在这里基本上还没有活动的自由。正是从这个意义上而言，对这些人来说，这一特殊领域，就是他们的一个“必然王国”。

我们这里还要以市场这个特殊社会生活领域为例，来说明这个问题。人类经过几百年的实践，对市场经济已经有了逐步深入的认识，发现市场作为一种经济体制，它有自己的客观运行规律，并且由此而形成了其特有的法则和机制。比如，现代公司制度是它的基本经济活动形式，这使它与自然经济、旧的计划经济等有了本质上的区别；再比如，作为一种基本经济制度，市场经济有自己特殊的运行机制，被称为“市场机制”，主要有利益机制、供求机制、价格机制、竞争机制等；还有以等价交换为基本原则的自由企业制度，使经济体与政府之间的关系受到严格的经济规律制约；等等。这些特有的原则、制度、体制、机制及其所构成的客观关系，构成了市场经济这个所谓“必然王国”的秘密。

这些特有的原则、制度、体制、机制等及其所构成的客观关系，形成了市场经济本身一系列特殊规律，这些特殊规律的运行，有着客观必然性，人是不能违背的。很显然，这些特殊规律，是人抽象思维的结果，是人所不能直接感知的，但是，它们却能够支配人们的经济行为。所以，经济学家和哲学家，把它形容为“看不见的手”。这样，当人们对这些规律还没有认识和自觉运用的时候，“市场”对这些人来说，就仍然是一个“必然王国”。

这个道理告诉我们，作为一位领导者，应当有这样的信心：对社会主义市场经济中的“必然”，把握得越充分越深刻，我们所获得的自由就会越多越大，我们就会感到市场经济的天地越来越广阔，在市场经济的海洋中，就能够如鱼得水，得心应手。

（原载于《学习时报》2012 年 12 月 31 日）

## 九 再谈从“必然王国”到“自由王国”

美国原最高法院法官弗兰克福特曾经这样说过：“在很大程度上，文明史是由进而创造其他真理的信仰取代那些曾被奉为支配一切的正统真理的错误的历史。因此，人寻求真理的自由不应受到束缚，无论他向什么正统思想挑战。”我们的历史经验也说明了这个道理：人对真理的寻求，是一个自由的认识过程，而这个认识过程不应受限制，也是无法被限制的。因此，它也说明了人从“必然王国”到“自由王国”这一认识过程的无限性。大量的事实证明，人类认识过程的这个本质特征，不仅反映在对大自然奥秘的无穷探索中，而且尤其反映在对人类社会、人的思想以及人本身的无穷探索中。

这里，我们以人类对“市场”的认识过程为例来谈谈这个问题。

人类对市场经济的认识已经有了漫长的历史，在实践中，人类逐渐把握了市场经济的一些基本规律，取得了越来越多的主动权。但是，市场经济本身也处于一个不断更新的历史过程，随着科学技术的发展、社会民主政治的发展，经济规律运行本身不断地暴露出新的矛盾。比如，一次又一次的世界范围或地区范围的经济危机，猛烈冲击着人们已有的市场经济观念，这就给人们认识市场经济的本质不断地提出了新课题。而对这些新课题的解决，往往又会把人们对市场经济规律的认识提高到一个新的水平上。请看，每一次经济危机过后，各国不都是颁布了各种各样的市场新法规吗？

这个事实本身说明，人类对客观规律的认识是一个不断深入的过程，或者说，客观规律不是我们一次或者一两次就可以认识完毕的；同时，客观规律本身也在不断发展变化着，以市场经济为例，这个“王国”中总是有新的、未知的领域等待着人们去探索。这样，从“必然王国”走向“自由王国”这个认识过程，就永远不会完结。社会主义市场经济是一个正在兴起的新事物，在这个新的“王国”中，还会不断地有新的秘密需要我们去揭示。

这个情况岂不是说，人们从“必然王国”走向“自由王国”的认识过程，是极为漫长而又没有终结的了吗？是的，但是，这并不是说，人类永远无法摆脱“必然王国”的束缚，不可能进入“自由王国”，而是说，我们正在一步一步地摆脱“必然王国”，同样道理，也就是在一步一步地深入“自由王国”之中。当然，这并不意味着，探索“自由王国”的任务会完全结束。

这是因为，像对任何事物的认识一样，人们对市场经济规律的把握，也是需要经过实践、认识，再实践、再认识的艰苦探索过程的；而且，在这个探索过程中，我们还会有认识上的反复，会有实践中的曲折；这就使得我们必须继续总结经验教训，再继续深入下去，把握更多的必然，获得更大的自由。由此可见，从“必然王国”到“自由王国”，人类这一认识过程的无限性，实际上也就是对真理的追求的无限过程。

但是，人对客观事物本质和规律的认识过程，即对真理的认识过程，不但具有无限性，而且也具有有限性。这一点，也反映在从“必然王国”到“自由王国”这个认识过程中，反映在作为认识范畴的自由与必然的关系中。其实，自由与必然的这种关系，实质上也深刻地反映了人与自然界的关系、人与社会的关系。法国大革命时代的启蒙思想家卢梭说过：“人是生而自由的，但却无往不在枷锁之中。自认为是其他一切的主人的人，反而比其他一切人更是奴隶。”这句话深刻地揭示了自由与必然之间的辩证关系，而这两者关系的实质，就是主观自由的相对性、客观必然的绝对性。其实，这不正是人在其生活的社会中的状况的真实写照吗？

这一点，在现实的市场经济活动中，也能够得到深刻的反映。现代市场经济，越来越显示出了它作为法治经济的本质特征。我们可以看到这样一个现象，即随着市场经济活动的展开，每一步都伴随着经济立法工作的进展，二者如影随形，难舍难分。这就是市场经济活动中的一个“必然”，它既是对你的“自由”的限制，也是你能够获得成功的一种保障。这就是市场经济活动中“自由”与“必然”的辩证法。

你要获得在市场经济活动中的自由吗？那你就要严格遵循这个辩证法行事，处处留心，遵守市场经济法律法规，在这个“必然”的范围内，尽情施展你的聪明才智，干出一番事业来。这已经被古今中外无数成功者的业绩证明了。

当然，这个“自由”与“必然”的辩证法，也是对投身于市场经济活动者的警示：如果你胆敢突破这个“必然”，肆无忌惮，为所欲为，那么，你就可能要处处碰壁，甚至会碰得头破血流！这也是被那些失败者的沉痛教训一再证明了的事实。

现实生活不正是这样的吗？包括各级领导人在内，我们是生活在一个由法律法规构成的社会中，你想获得超越法律之上的自由吗？那么，你就可能会丧失一切自由；如果你以为手中有权，企图凭借特权为所欲为，那么，总有一天你会被老百姓赶下台。这个事实说明，对于领导者来说，如果要正确处理“权力”与“法律”之间的关系，就应该从“自由”与“必然”的辩证法中吸取智慧而获得更大的自由。

（原载于《学习时报》2013 年 1 月 7 日）

· 第十题 ·

# 论真实的自我

哲学研究的对象，是作为思想主体的人，而对于每个人来说，在研究哲学问题的过程中，实际的出发点，是自我。我们可以把这一点称为哲学自我，即我们所谓的辩证唯物主义的自我意识。这种辩证唯物主义自我意识的实质，就是作为思想主体的真实的自我。

## 一　不要失掉了自我

中国古人说，天地之间人为贵；西方学者则认为，人是万物的中心。这些思想都强调了人的特殊价值，人在整个世界的首要地位。人在万事万物中为什么有这样崇高的地位？这是因为人与包括所有动物在内的一切生物、非生物有一个本质区别，即人有自我意识，能够自觉到自己的特殊存在，从而把自己与外界区别开来。再概括一点说就是，人是一个有思想的自我——能动的主体。认识到这一点，对于了解人的本性，人的创造性行为的实质，自觉发挥自己的能动作用，都是有重要价值的。这里，我们从《庄子》中“邯郸学步”这个故事说起，来进一步研究一下这个问题。

在《庄子·秋水》中有这样的记载：有一次公孙龙向魏牟请教说，他曾经学习过古代圣王的主张，以后懂得了仁义的行为，并且能言善辩，自以为很通达了。但是，如今听了庄子的言谈，他却感到很茫然，现在他已经没有办法再开口了，他问魏牟其中的道理是什么。魏牟说，这是因为庄子的思想主张极其深奥，而公孙龙以自己的才智却不足以通晓他的玄妙言论，所以，魏牟劝公孙龙还是走吧，否则，会弄巧成拙的。为了进一步说明这个道理，魏牟给公孙龙讲了“邯郸学步”这个故事：

古代燕国寿陵地方的人，走路摇摆蹒跚，很难看。当地有个年轻人，听说赵国邯郸人走路的姿态相当优美，就下决心去学习邯郸人走路的方法。这个年轻人到了邯郸，看到这里的人走路姿势果然都很美，于是立即就跟着学起来。谁知道，学了几天，年轻人仍然没有学好邯郸人的走路姿势。他想，很可能是没有掌握邯郸人走路的要领。因此，他就仔细推敲，认真研究起邯郸人的步法，连每一步的动作，甚至一摆手、一扭腰都要认真计算尺寸，真可以说是亦步亦趋了。但是，经过一段时间的学习，他还是没有学会邯郸人走路的姿势。严重的问题还在于，这个年轻人不但没有学会邯郸人走路的姿势，反而把自己是怎么走路的也忘掉了！后来，当他要回燕国的时候，手足无措，只好在地上爬着回去了。

为什么这个年轻人下了这么多的功夫，不但最终没有学会邯郸人的走路姿势，反而把自己的，即寿陵人的走路姿势也忘掉了呢？从前面叙述的情况看，主要是由于这个年轻人在学习的过程中，处处把自己当作一个被动的客体，而没有把自己作为一个积极、能动的主体。这样，他就只能是消极地去适应邯郸人的走路姿势，生硬地去模仿人家的模式。后来，他虽然熟悉了邯郸人走路的样子，但是，并没有把学到的知识变成自己的东西。结果，他不但没有学到邯郸人走路的优美姿势，而且把寿陵人自己原来的走路姿势也忘记了！可见，学习过程中，如果不把自己作为一个积极、能动的主体，也就是说，忘记了自我，将会徒劳无功，甚至还会失去一切。

这一点，对于每个领导者都是有警示意义的。任何一个高明的领导者都需要不断地向有经验、有知识的人学习，比如学习其他地区领导人的优秀从政经验，这对于增长自己的才能是很有价值的。但是，要想把人家的好经验真正学到手，必须有明确的主体意识——自我意识；反之，如果不是从自己的具体情况出发，为我所用，而是生搬硬套，那往往会徒劳无功，甚至还会弄巧成拙，适得其反。这里的关键是什么呢？是要对自己的情况有充分认识，知己知彼，才能学到真实的本领。

在这个问题上，法国启蒙思想家卢梭的那句话是很有启发意义的，他说："我觉得人类各种知识中最有用而又最不完备的，就是关于'人'的知识。我敢说，戴尔菲城神庙里唯一碑铭上的那句箴言（'你要认识你自己'），比伦理学家们的一切巨著都更为重要、更为深奥。"

这说明，一切认识的基础，是对人的认识，而对人的真正认识，则要从对自己的认识开始。

（原载于《学哲学用哲学》，中共中央党校出版社 2013 年版）

## 二　做真实的自我

与对客观世界的认识相比，人对人类自身的本质的认识，特别是对自我的认识，是更加困难的思维过程。不过，人类对自我的认识，标志着人的意识水平提高到了一个更高阶段。每个人几乎都有自己幼年的意识记忆，婴儿有了类似意识的时候，就由幼稚向成熟发展，逐渐地开始产生了作为个体的人之间的差别意识，即形成了诸如“我要如何”“这个东西是我的，不是他的”的念头，这就是说，在这个时候人的观念中，已经有了区别“我”与“他”的不同意识。人正是在这种区别上，形成了关于个人的同一性意识，即人在各种不同的情况下都能意识到自己是同一个主体，这就是所谓自我意识。我们可以看出，这种早期的“自我”观念及其自我意识的产生，对人的意识发展来说，具有重大的思想启蒙价值，因为它标志着人作为主体的自觉意识的形成。

这个问题的实质，是人类究竟是在如何认识自己本身的一些特点，是在怎样评价自己的意识状态，在这样的认识过程中，就必然会集中地提出一个“自我”的范畴，并且对之进行理性的思考。包括马克思在内的一些大哲学家，都一再指出，正是由于人能够对自己本身进行思考，进行对自身的认识，这就意味着人已经有了这样的自觉，即他与自己之外的一切对象能够区别开并且相对立起来了，于是就认识到了自己的特殊主体地位。人的这样一种意识状态，就是作为哲学范畴的“自我”。应该说，人对自己本身的这种哲学思维及其成果——抽象的“自我”观念的形成，在人类的认识史上，具有划时代的意义。人类的认识史说明，这样的自我意识，为人类道德观念的发展奠定了一个重要哲学基础。

在近代哲学史上，首先明确提出“自我”这个范畴的，是笛卡尔。这就是他在其《方法谈》中所阐述的那个经典名言“我思故我在”（即“我思想，所以我存在”）。笛卡尔是从怀疑论开始解释这个命题的，他写道，有一些事情，常常可以进入人的梦中，这就会使人认为，那些曾经进入自己心中的事物并不比梦中的事物更真实。可是，“当我愿意像这样想着这一切都是假的时候，这个在想这件事的‘我’必然应当是某种东西，并且觉察到‘我思想，所以我存在’这条真理是这样确实，这样可靠，连怀疑派的任何一种最狂妄的假定都不能使它发生动摇，于是我就立刻断定，我可以毫无疑虑地接受这条真理，把它当作我所研求的哲学的第一条原理”。由此，他就更加清楚地认识到了这样的一个真理：“必须存在，才能思想。”但是，无论是“思想着的个体”还是“思维着的主体”，都不是抽象的精神存在物，因为这个自我，必须首先是一种客观的物质存在。存在才能思维，这对于唯物主义认识论的常识来说，是不言而喻的事情。所以，自我是精神的主体与物质的客体的统一物。当然，我们还要承认这样一个事实，这就是当人们在想着我这个“自我”的时候，还应该承认同时存在着一些他者的“自我”，而且，还必须认识到，这些不同的、他者的“自我”，具有与我这个“自我”同样的性质和价值。

“自我”是一个关系范畴，它是主体在与外界的他者的交往中反映出来的。人们在说“我”的时候，自然是与那个“你”或者那个“他”相对而言的。“我”的意识是相对于“你”或者“他”的意识的。这就是说“我思故我在”的这个“我”，并不是孤立的抽象存在物，而是一个客观存在着的思想主体。如果进一步说，自我之所以具有真实性，或者说自我的确是真实地存在着的主体，归根结底因为其是一个思想着的实体。

我们还应该认识到这样一个事实，即人之所以本质上不同于一般自然存在物，是因为他是一个自觉的、有理性的即有意识的生命个体。这样的个体才能是“自我”。作为一种自觉精神的存在物，“自我”的本质特征是有明确的自我意识，就是他能够通过反思而意识到作为个体的自己的真实存在。正是在这个意义上说，自我是一个现实的个人，是一个真实的个人，因为他是一个正在思维着的作为主体的个人。这就是说，必须是具有自我意识的个体的人，才能称为真实的自我。

我们还可以看到，在马克思对人的研究中，他不仅十分重视人作为一个正在思维着的个人，即人在精神方面表现出的现实性、真实性；而且，他更加重视以感性形式表现出的个人，在他看来，与唯心主义、旧唯物主义哲学只是把人看作是一种客体不同，新哲学应该从实践中去认识人，从主体的方面去认识人，看到人的感性存在。从这里可以看出，马克思实际上认为，人不仅是一种精神的主体、一种思想着的主体，而且也是一种实践着的现实感性主体。这就是作为真实的自我的人的一个本质特征。

一个真实的个体的人，总是独一无二的，而人的这种独特性是由人的个性决定的。这就是说，自我必然是一个带有鲜明个性的主体。所以，我们可以说，自我是人的个性的一种自然载体，甚至可以说，没有个性就不能称之为自我，个性是自我的灵魂。所以，研究人的个性，是对自我的本质的一种更加深入的认识。

有的心理学家认为，个性决定了作为自我的人的行为和思想的独特性；同时，个性是个人内部的身心系统的一种动力组织，这就是说，个性决定着个体的人即自我的特殊心理特征。

作为哲学范畴，个性是作为个体的现实人所具有的独特性，或者说是作为主体的个人一些特有的秉性。哲学家认为，个性与人的社会存在是联系在一起的。这就是说，个性不但是现实个人的生理差别和心理差别，而且更重要的，它是人作为社会主体的本质规定，而人的最高本质是自由，因此，个性是人类自由的具体实现形式。一般来说，人的个性是通过每个人的思维方式和行为选择方式反映出来的。一个有个性的人，他的思维方式和行为选择方式，常常是与众不同的。我们可以看到，由个性所决定和显示出的人的这些特点，恰恰是真实的自我的本质特征。

从上述研究中，我们应该进一步认识到，作为那种正在思维着的主体，在实践过程中的主体，表现出了人的现实性、真实性，而这一切本质特征，终究是通过具体的人即个体的人反映出来的。同时，我们还应该清楚地认识到，人，在哲学的视野中，不是一个孤立的、抽象的、简单的存在物，而是一个处在普遍联系中的、具体的、不断发展着的生命个体；人既是实在的自然个体，又是一种特殊的精神主体。人的这些复杂特点，不但体现在作为群体的、社会的人的身上，尤其反映在作为个体的人的身上。这个思维着的、实践中的个体的“人”，就是哲学视野中的“自我”。正是因为“自我”的这种极端复杂性质，个体的人，才是真实的存在——真实的自我。

在谈到自我这种存在的真实性时，会产生一个重要的思想现象，这就是人们常常会发出这样的问题：我是谁？我的存在状况如何？外界、他人对我的评价如何？如此等等。这个精神现象说明，人作为自我，才能显示其个体存在的真实性，或者说，真实的精神个体存在，是自我的一种本质特征。这就是我们要说明的真实的自我。实践证明，只有真实的自我，才能成为认识的真理性的现实主体。

很显然地，真实的自我是与虚假的自我相对而言的，现实生活中虚假自我的存在，是探索真理和坚持真理的重大思想障碍。必须承认，这是我们不能回避的一个思想界的现实问题。

随着社会主义改革开放的深入，我们的社会正在向着一种更高的文明水平发展。对此，我们应该充满信心。不过，同样还要正视另一个历史事实：走向更高文明水平的道路是曲折的，有时候甚至可能会出现某种暂时性的倒退现象，在历史前进道路上出现一些逆流。就理论界来说，其中的一种表现形式，就是日益引起人们注意的现代犬儒主义。许多现象表明，现代犬儒主义，客观上正在成为阻挠时代进步的一股消极力量。与古代犬儒主义者在本质上一样，现代犬儒主义者实质上也是一种虚假的自我。

这里所说的古代犬儒主义，是指古希腊哲学流派之一，犬儒学派所奉行的犬儒主义。古希腊哲学中的犬儒学派，据记载，其创始人是著名哲学家苏格拉底的弟子安提斯泰尼，另一代表人物是第欧根尼。哲学史学者的研究提出，苏格拉底的这几个弟子，把他本人的某些思想主张，进行两面解释，得出了一些极端观点。比如，苏格拉底为了实现根本改变现实的理想，曾经对现实持严厉的批判态度，而安提斯泰尼等，则由此出发走向了苏格拉底思想的反面，表现为一种消极的愤世嫉俗态度，以至于发展为对现实社会的文明生活，持莫名其妙的否定立场。而且，因为这些人有过住在木桶里的怪异行为，他们的举止言谈行为方式甚至生活态度与狗的某些特征很相似，所以，这些人成为更有名的犬儒主义者。据哲学史的资料记载，当时的犬儒学派哲学家或思想家，在行为举止上，旁若无人，放浪形骸，不知廉耻，同时感觉灵敏，与大多数人为敌，敢咬敢斗。于是，人们就称这些人为“犬儒”，意思是“像狗一样的学者”。犬儒学派即由此而来。就个人而言，犬儒主义者的行为，不能说完全是虚伪的，但是，随着历史的发展，其言行的虚假性质，就不以他们的主观意志为转移了。因为他们既不愿意面对真实的客观世界，也不敢正视真实的内心自我。这样，他们所奉行的犬儒主义哲学，在实践中就必然使其成为一种虚假的自我。那么，这种虚假的自我，是一些什么样的人呢？如果仔细观察他们的言行，就能够明白，他们是一些自欺欺人的人。

我们可以看出，在古希腊时代，特别是后期的犬儒主义者，他们口口声声说要人们返璞归真，回归自然状态，斥责人们的正常自然欲望，鄙视人们各种现实的享受和快乐，视贫困、简陋为高尚和幸福，表现为一种粗俗的禁欲主义。他们自己的这些主张，反映出这些人是留恋过去年代各种落后的自然状态，实质上是在拉社会走向倒退；他们明目张胆地嘲笑普通人的正常生活，做出一些近于原始野蛮的举动，赤裸裸地表现出自己的言行与现代社会文明格格不入；他们尽管显得愤世嫉俗，激烈地批判现实，希望给人以真诚的印象，可是，人们会看出他们骨子里的东西，完全是假的。综观他们的全部言行，可以得出这样一个结论，虚假的矫揉造作，是犬儒主义哲学的灵魂。古希腊时代的犬儒主义者，本质上是一些虚假的自我。

历史是不可能完全重复的，但是，由于某种特殊条件的作用，在现代社会生活中却可能会出现某种相似的历史现象。本文开始所说的现代犬儒主义，就与古希腊犬儒学派所奉行的犬儒主义有某种相似之处。当然，二者毕竟相隔了几千年的历史天空，所以，无论是在内容上还是在形式上，都不能相提并论了。但是，现代犬儒主义与古希腊的犬儒主义之间有着它们在本质上共同的东西，这一点却是不能回避的。

应该实事求是地承认，我们反对现代犬儒主义，并不是无的放矢。因为只要我们认真研究自己生存的现实社会生活，就会体察到，的确存在着一些“不真实”的人，他们几乎可以被称为别人的复制品，即

“虚假的自我”。这里的本质问题，是这些人的思想的虚假性。这就是说，由于不能进行独立思考，毫无怀疑精神，没有批判性思维能力，总是以别人的思想为自己的思想，完全按照别人的指令去思考，这样，他们就逐渐成为一些没有自己的思想的人，成为一些虚假的个体存在。我们已经看到过，这些似乎是“忠诚老实”的人，命运却是可悲的，因为他们没有自己的思想，所以，常常被一些邪恶社会势力所利用，甚至往往会成为那些错误政治运动的牺牲品。这可以说是那些具有“虚假的自我”意识的人们的一种人生悲剧。

人们在观察和研究“虚假的自我”这一类现象的时候，常常会提出这样的疑问：这些人大都是有学问的知识分子，他们对上述这类问题的基本是非，应该有大体上明确的认识界限，但是，他们的认识为什么会表现得这样低级呢？实际上，他们是由于受某种利益的驱使，比如说，为了迎合某种权势，不得不违心为之。在这样的情况下，说好一点，他们是揣着明白装糊涂，说得严肃一点，这些人实际上就是那种口是心非的伪君子——他们高声赞美的东西，很可能是他们心中厌恶的东西；反之，他们声嘶力竭反对的东西，则可能是他们心中赞同的东西。由此可以看出，古希腊的犬儒主义者，与我们现实生活中的现代犬儒主义者，一脉相传，这些人也是一些虚假的自我。同样地，虚假的自我都是真理的敌人。所以，克服虚假的自我意识，铲除现代犬儒主义的影响，这是当代共产党人品德修养必须解决的一个关键问题。

许多人的切身经验都告诉我们，一个人对自我的正确认识，比对外界或者对别人的正确认识要难得多。这就是说，从一个“虚假的自我”转变为一个“真实的自我”，是一个艰难的思想历程。从“虚假的自我”走向“真实的自我”，之所以是一个艰难的思想历程，是因为我们首先要正视自己的真实面目，也就是说，必须正视自己内心的虚假性。为此，一定要有解剖自己真实思想的勇气，这个勇气的实质，就是能够对自己实事求是。有人说，这是世界上最艰难的事情，恐怕这样的说法并不为过。

那么，“真实的自我”的本质特征是什么呢？简单地说，这就是作为主体的人的思想的真实性，或者说，“真实的自我”就是具有真实的思想的主体个人。那么，什么是自我意识中的“真实的思想”呢？确切地说，是说一个人有自己的思想，他能够怀疑，能够进行独立思考，这种精神活动本身，是他在社会生活实践中现实存在的一个本质特征。换句话说，人之所以为人，是因为他能够怀疑，能够思考，因此会有自己的思想。所以，如果一个人能够怀疑，能够独立思考，能够实事求是地对待自己，这就说明他是一个真实的“自我”。

在思想上摆脱虚假性，以真实的思想面目出现，并不是一件容易的事。因为，如果我们仔细认真检讨一下自己的人生经历，实事求是地思考一下自己的生活实际，就应该承认实际上确实存在着这样的事实，即在某个时期里或者在某件事情上，包括我们自己在内，曾经是一个以虚假的面目出现的人，甚至可以说曾经是一个自欺欺人的人——自己反对的观点，却热情地去宣传；而自己赞成的观点，却信誓旦旦地反对！那就是说，我们曾经是一个“虚假的自我”。我们在公开场合可以不承认这样的事实，但是，在自己的灵魂深处是无法回避这个问题的。这就是说，从“虚假的自我”走向“真实的自我”，是一个思想根本改变的过程。可想而知，思想的根本改变，不可能是轻而易举的事情。

事实证明，只要我们努力进行自我思想改造，是可以实现从“虚假的自我”走向“真实的自我”这个目标的。当然，这并不是轻而易举的事情，因为，这需要思想上的痛苦锤炼。

在这方面，首先要解决的一个问题是，我们必须彻底解除历史的负担，走出历史的阴影，让自己始终能够在现实的阳光照耀下。我们不必讳言，铸就这种尴尬事实，不仅有个人的原因，也有不可忽视的历史原因。因为在一定意义上，我们可以说，“虚假的自我”——现代犬儒主义者，继承了中国传统文化中的某些劣根性，这主要是指由长期专制主义统治造成的“假”“伪”“装”这一类毛病。所以，正视这样的历史事实，真正摆脱其思想束缚，我们才能真正由“虚假的自我”走向“真实的自我”。这就是说，以思想的真实性取代思想的虚假性，是不可缺少的一剂思想良药。

根据一些大思想家的经验，这样的锤炼过程，就是每隔一定的时间，都要对自己的思想进行一次“无情的清理”——下决心抛弃那些自己一直坚信不疑的，但是已经被时代淘汰了的观念，下决心接受那些自己曾经反感的，但是已经被实践证明是正确的观念。总而言之，要用自己的眼睛去观察现实，用自己的头脑去思考问题，作出自己的判断，真正成为一个有自己的思想的人。

为了使自己成为一个真实的自我，近代哲学家笛卡尔认为必须保证自己的思想的真实性。他认为要使自己具有真实的思想，必须运用严肃的批判性方法，对自己已有的全部思想进行彻底的清理，排除错误的认识，重新确立正确的认识。

这一点也可以从反面给予我们深刻的教育，这就是，真实的自我，实质是对自我的一种真正的超越，是对旧的自我的一种彻底的改造。自我的这种革命性转变，实际上就是在自我意识中，以越来越多的真实性取代其虚假性的过程。所以，就每个人来说，成为一个真实的自我，必须进行艰苦的思想磨炼，很显然，这是一条漫长的道路。但是，不管自我改造有多么难，我们都应该勇敢地继续下去，向着纯粹的真实的自我这个方向努力，而绝不能回过头去，成为一个可怜的现代犬儒派。为此，我们应该具有这样的信念：我们虽然不能保证自己说的每句话都是正确的，但是，应该保证我们自己说的都是真话而不是假话。真实的自我，并不意味着主体的认识及其表达没有任何错误，但是，必须保证主体的认识及其表达都是真实的。人的思想的真实性，这是真实的自我的生命线。

（原载于《伦理学研究》2021 年第 3 期）

·第十一题·

# 神话与思想

## ——神话研究的哲学意义

神话起源于人类的远古时代，基于对神话的文化价值的重视，人们对神话的研究，也经历了漫长的认识历史。就当代中国的学术研究史料来看，神话研究一直是一个引人入胜的课题，神话学的著作曾经风行一时。由于神话理论学科性质的复杂性，许多学科都在研究神话问题。1978 年在德国召开的第十六届世界哲学会议上，曾经有两位学者在会上发表了他们关于神话研究的学术成果，这说明神话研究具有重要的哲学意义。那么，神话研究的哲学意义是什么呢？其中的一个重要意义，就是通过阐述神话意识的本质，特别是通过神话意识与作为哲学范畴的思想的比较研究，深刻认识神话意识与思想的本质区别。很显然，这个比较哲学问题的深入探讨，对于进一步深刻认识思想的本质和功能，在哲学学科中具有重要的学术价值。

## 一　神话的本质

作为学术研究的对象，关于神话的内涵和本质问题，不但具有文学艺术的价值，相应地也具有语言学的价值，同时还有心理学的意义。我们在本文中，主要是从哲学的角度，把它作为比较哲学问题的重要内容进行学术研究，考察一下神话研究的哲学意义，其研究对象主要是神话意识的本质特征。神话意识的哲学研究，主要是把神话意识与思想范畴加以比较研究，更加深入地认识思想与神话的本质区别，从而更加深刻地认识思想的本质。很显然，在这里必须对神话的本质进行哲学认识论上的分析。所以，解决这个问题的理论前提，是对神话概念内涵的科学界定，进而对神话的本质进行哲学概括。

## 1 什么是神话

关于神话（myths）概念的内涵，在中外有关的学术著作中，对这个问题有各种不同的表述，甚至是互相矛盾的观点，产生过许多学术争论问题。可以看出，人们对神话这个特殊文化现象的认识，经历过漫长的理论探索过程。其中的一个问题是，通过学术探索，专门对神话的内涵进行认真的研究。

究竟什么是神话？在中国的神话学著作中，曾经有过这样一个定义："我们所谓神话，乃指：一种流行于上古民间的故事，所叙述者，是超乎人类能力以上的神们的行事，虽然荒唐无稽，但是古代人民互相传述，却信以为真。"[①] 可以看出，这个定义强调了神话属于人类远古时代的民间传说性质，即认为神话是人类历史发展的产物。与此类

① 茅盾：《神话研究》，百花文艺出版社 1981 年版，第 3 页。

似的观点是认为，“神话的产生离不开现实生活，其实质则是人们的主观创造，是人们根据自己的想象创造出来的产物”。所以，“神话是人类文明进程中产生的一种文化现象”。[①] 这里，作者强调了神话的文化性质，认为它是人类的想象力的产物，它反映了人的思维的创造性。在中国的神话学著作中，还有这样的定义：“神话是非科学但却联系着科学的幻想的虚构，它通过幻想的三棱镜反映现实生活并对现实生活采取革命的态度。”[②] 我们可以看到，在这个定义中，一方面指出了神话的幻想性质，同时又强调了人对现实生活幻想形式的自觉加工，这样，神话实际上就是人类精神活动中那种自觉意识与不自觉意识统一的产物，也可以说是非理性思维与理性思维的混合产物。这里，可以看出神话作为精神现象的复杂性，即神话毕竟不是人的自觉认识和理性思维的产物，但是，它却是人类大胆而勇敢的创造，即学者所说的“对现实生活采取革命的态度”。很显然，这是有重要价值的哲学认识。

西方理论界对神话的研究有长期的学术积累，学者们进行过深入的考察。究竟什么是神话？西方有的研究文献指出：“神话是文化的有机成分，它以象征的叙述故事的形式表达着一个民族或一种文化的基本价值观。”[③] 还有的学者主张，“神话是文学，必须被看作是人类想象的一种审美创造”，“从某种意义上说，并不存在神话这样一种东西，只存在或多或少具有神话性（mythical）的诗的故事”。还有的学者在

① 王宪昭：《现代人眼中的古代神话》，《光明日报》2019 年 4 月 6 日。

② 袁珂：《从狭义的神话到广义的神话》，《社会科学战线》1982 年第 4 期。

③ 叶舒宪选编：《神话——原型批评》，陕西师范大学出版总社有限公司 2011 年版，第 8 页。

对神话的研究中认为，神话是“一种叙述，其中的某些形象是超人的存在，他们的所作所为‘只能发生在故事中’，因而（神话）是一种与真实性或‘现实主义’不完全相符的传统化或程式化的叙述”[①]。这样，神话就成为一种以叙述原则为基础的文学形式，很显然，这里所说的叙述文学，实质上是一种广义的神话，因而它能够长久地流传。

当然，学术界对这个界说可能会有异议，比如说，有的时候也会把文学形式的民间传说认为是神话，因为传说中往往也记载一些超人的奇迹，所以，认为叙述文学是一种广义的神话，这不是没有道理的。但是，传说的性质比较像史传，神话内容却没有时空概念，这是二者的一个重要区别。这就是说，不能把叙述文学与神话等同起来。正如有的学者指出：“传说（Legend）也常被混称为神话。实则神话自神话，传说自传说，二者绝非一物。神话所叙述者，是神或半神的超人所行之事；传说所叙述者，则为一民族的古代英雄（往往即为一民族的祖先或最古的帝王）所行的事。”[②]

同样地，也不能把神话和寓言混为一谈，因为二者实际上有明显的区别。一般来说，神话的内容并不含有道德教训的目的，而大多数寓言则以劝诫教训为主要目的；同时，寓言大多数出自某著作家手笔，而神话则不是某某作家的作品。在这些方面，应该指出神话与寓言的明显区别，这有助于深刻认识神话的本质。

关于神话与寓言、传说的实际区别，我们可以通过考察实例在比

① 叶舒宪选编：《神话—原型批评》，陕西师范大学出版总社有限公司 2011 年版，第 9 页。
② 茅盾：《神话研究》，百花文艺出版社 1981 年版，第 3 页。

较中来做一些思考，中国的著名神话有《夸父逐日》《女娲补天》《嫦娥追月》等，著名的传说有《大禹治水》《愚公移山》《精卫填海》等，著名的寓言有《狐假虎威》《亡羊补牢》等。在西方文献中的著名神话有《奥林帕斯山上的宙斯》《普罗米修斯》等，西方的著名传说有《达摩克利斯之剑》《斯芬克斯之谜》等，西方的著名寓言有《农夫与蛇》《龟兔赛跑》等。如此等等。这里，对于神话、寓言、传说的区别，人们可能主要是从它们的故事内容的性质进行分类的，我们已经看到，对这样的分类是有不同看法的。看来，对此应该采取多元开放的思维方式，在更广泛的领域中进行学术分析。神话本身不是科学，但是对神话的研究却必须采取科学态度。

如果对神话、传说、寓言进行比较研究，我们就可以看出，神话、传说、寓言等都是相当古老的、传统的意识形式。但是，神话与传说、寓言相比，则具有更加原始的思维性质，就其基本形式而言，神话属于文化的范畴，不是宗教性质的艺术形式，神话故事说明，神话是一种原始性质的群体文学创作。这样，神话就构成了人类原始文明的一个重要组成部分，当然，也必须承认这样一个事实，即神话在现代社会中，也是一种有价值的精神生活现象，它的特殊价值，就在于能够使人类的社会生活更加丰富多彩，特别是在所谓科技万能的时代，能够有力地驱赶一些人的精神空虚。这大概就是现代社会的人仍然对原始神话感兴趣的一个重要原因吧。当然，这是一个复杂的精神生活现象。

在对神话这个概念的内涵及其价值的研究中，我们常常会遇到这样一个情况，这就是人们有时候是把神话作为一个肯定性概念来运用的，有时候又是把神话作为一个否定性概念的，甚至是作为一个贬义词来运用的。为什么会出现这样的现象呢？我们如果认真研究就会认识到，这归根结底是由神话的本质决定的。

### 2 神话的本质

从神话研究的学术资料中可以看出，神话曾经被作为宗教学研究的对象、心理学研究的对象、语言学研究的对象等，所以，学者们从各自的研究领域来考察神话的本质。那么，究竟应该如何认识神话的本质呢？学术界的一些学者认为，这实际上是一个哲学问题，因为这个问题涉及神话意识与作为哲学范畴的思想的本质区别究竟是什么。长期以来的学术研究说明，这个比较哲学问题的研究，不但能够有助于认识神话的本质，尤其能够使我们更加深刻地认识思想的本质。很显然，这是神话研究的哲学意义之所在。

对神话的本质进行哲学研究的，比较早的是德国哲学家谢林，他在自己的神话哲学专著中写道："只有从神话的过程中认识神话，才能认识它的真相，因而才能真正了解它；重复于神话中的过程——尽管是以特殊方式——是普遍的绝对的过程。因此真正的神话科学，是那种表现出神话中绝对过程的科学。而表现这种过程是哲学的事；真正的神话科学因而就是神话哲学。"① 谢林的这个神话学观点的实质是什

① [德]恩斯特·卡西尔：《神话思维》，黄龙保等译，中国社会科学出版社 1992 年版，第 14 页。

么呢？对此，卡西尔指出，这意味着谢林实际上认为“神话具有哲学真理性，因为它不仅表达一种思想，而且表现了人类意识与神的真正关系，因为它是绝对物，因为它是神本身，神在神话中从最初的‘自在’之神力进展到‘异在’之神力，并经由神话达到完美的自为存在（being-with-himself）”[①]。卡西尔在对谢林的观点作了这样的概括之后明确指出，唯物主义哲学家费尔巴哈以相反的观点否定了唯心主义哲学家谢林的这个思想。对于这个问题，卡西尔阐述了自己的观点：“不过，哲学与神话最初被区分得泾渭分明，这首先是由哲学唯心主义完成的。一旦哲学唯心主义达到它自己的概念，一旦它把‘存在’观念看作它初始的和根本的问题，神话世界便被归属为非存在的领域。”[②]这样，卡西尔在比较研究中，明确了神话属于人类精神世界的非存在性领域这个本质性结论。应该说，卡西尔的这个结论是对神话本质有价值的学术概括。

关于神话的本质究竟应该如何理解，西方的一些学术著作中，还提出了一种称为“原型”的理论模式，用来解释神话的本质。所谓原型（archetype）又译为“原始模型”或“民话雏型”，这个词出自希腊文“archetypos”。什么是原型？神话的原型意义是指什么而言的？加拿大学者弗莱作过一些解释，他指出：“神话是一种核心性的传播力量，它使仪式具有原型意义，使神谕成为原型叙述。因此，神

① [德]恩斯特·卡西尔：《神话思维》，黄龙保等译，中国社会科学出版社1992年版，第15页。

② [德]恩斯特·卡西尔：《神话思维》，黄龙保等译，中国社会科学出版社1992年版，“序言”第1页。

话‘就是’原型，虽然为了方便起见，我们在提到叙述时说神话，在提到意义时说原型。”弗莱还写道：“原型是一些联想群（associative clusters），与符号（sign）不同，它们是复杂可变化的。在既定的语境中，它们常常有大量特别的已知联想物，这些联想物都是可交际的，因为特定文化中的大多数人很熟悉它们。”弗莱还强调指出：“我用原型这个词指那种在文学中反复使用，并因此而具有了约定性的文学象征或象征群。”[①]在这些解释中我们能够认识到，之所以把神话称为原型，主要是要指出神话的原始性质，它是人类文化的原初形态。应该说，这个“原始性”“原初性”，的确能够比较深刻地说明神话的本质特征。

在神话研究中，与原型密切联系的是神话本身的象征意义，美国学者威尔赖特认为，作为原型的神话，它是一种象征，也就是说，它对于人类或者至少对大部分人来说，具有同等的或类似的意义。威尔赖特对此具体地进一步解释说：“我们常常看到这样的事实，某些象征，诸如天父、地母、光、血、上下、轮轴等等，反反复复地重现在许多彼此之间在时间和空间上相隔非常远的文化中，在它们中间不可能有任何历史的影响和因果联系。为什么会发生这样的并无联系的重复呢？在许多情况下，原因并不难找到。不论人类的各个社会之间以及他们的思维方式和反应方式之间有多么大的差异，在人们的身体方

① 叶舒宪选编：《神话——原型批评》，陕西师范大学出版总社有限公司2011年版，第10—11页。

面和心理结构方面毕竟具有一定的本质的相似性。”[①]古今神话故事的原型相似性，是神话的一个本质特征。认识到这一点，对于开发我们思维的时空开放性，有重要的认识论价值。神话本身的象征意义，对于我们理解不同时代、不同社会的人们行为相似性的本质，从而深刻认识神话的本质，是有重要价值的。

为了深入阐述神话中某些特殊因素的象征性意义，威尔赖特以对一种具体问题的分析为例指出：“原型性象征‘血’具有一种不寻常的紧张感和自身矛盾的性质。它的完整的语义范围既包含着善的因素又包含着恶的因素，前者一目了然，但后者相对含糊，其预兆就更为含糊了。可以理解为，从其积极的方面来看，血暗示着生命，并进而暗示着各种形式的活力，包括膂力和遗传的高贵血统。也可以理解为，从已知最早的时代起，人们就用红颜色来给物体增强巫术性。然而，在大多数社会中，血还有一种更突出的预兆意义，它涉及某种禁忌，即某种须在特定的场合加以礼仪性处理的东西，不允许随意地加以处置。对于血的禁忌特征已有人提出了各种各样的解释。”[②]作者的这个解释就是要说明，在神话中的某些特殊因素，具有人们一般认识能力所无法理解的神圣性或者神秘性。这里所谓的“神圣性”，就意味着高不可攀的那种境界，所谓“神秘性”，就是不可言喻、无法理解的意思。

神话故事的神秘性，由此而形成的神话意识的神秘主义特征，这

① 叶舒宪选编：《神话——原型批评》，陕西师范大学出版总社有限公司 2011 年版，第 197—198 页。

② 叶舒宪选编：《神话——原型批评》，陕西师范大学出版总社有限公司 2011 年版，第 198—199 页。

一点，恰恰就是神话意识与人的思想的本质区别，因为人的任何一种思想，都没有什么神秘性或者神圣性。或者也可以说，人的任何思想都没有也不需要所谓的象征性，真正的思想从来就不是什么盲目信仰的对象，因为思想的各种深意只能在思想本身。同样道理，真实的思想，没有什么高不可攀的境界；不可言喻的思想，不能被称为思想。

作为神话的神圣性和神秘性的意识基础，神话的象征性价值，使之形成了人类对远古时代各种神圣事物的信仰，而信仰的对象往往是实际上并不存在的东西。所以，在西方的有关文献中对神话的实质有过这样的界定："'神话'就是虚构，从科学和历史上讲，它是不真实的。但在维柯的《新科学》中这一观念已经发生变化。从德国的浪漫主义者、柯勒律治、爱默生和尼采以来，这一术语所包含的新的观念逐渐取得了正统的地位，即'神话'像诗一样，是一种真理，或者是一种相当于真理的东西，当然，这种真理并不与历史的真理或科学的真理相抗衡，而是对它们的补充。"[①] 应该说这个说明，实际上是在揭示神话的本质。因为按照这个定义，神话是"不真实的""非现实的"，是一种"虚构"，也就是说，神话是一种非现实的存在，却采取了一种现实的存在的形式。虚构意识形式，这就是神话的一种本质特征。

在关于神话研究的著作中，有的学者提出，神话是一种心理现象的表现形式。荣格认为，神话的原型含义是从心理方面提出的。他认

① 叶舒宪选编：《神话——原型批评》，陕西师范大学出版总社有限公司 2011 年版，第 7 页。

为，无意识的心理活动包括了产生神话的全部意象。在他看来，神话是原始人解释自然现象的无意识过程的表现形式。关于这个问题，荣格指出："神话是潜意识心理的最初的显现，是对无意识的心理事件的不自觉的陈述。"[①] 这样，作为神话意识特征的这个潜意识心理、无意识不自觉的陈述，使不同时空中可以产生相似的神话故事，就能够作出令人信服的解释了。

就此，每一个清醒的人都会明确认识到，我们的生活不是神话，或者说，不应该把我们的生活说成是神话，因为它是现实的客观存在；但是，必须承认一个事实，在我们的现实生活中却常常能够发现神话现象，因为，实际上的确存在着某些非现实的存在。应该如实地认识到，我们每一个人都是既生活在一种现实的存在中，又同时生活在一种特殊的非现实的存在中。这就是现实生活中的神话和神话中的现实生活。

这就是说，神话意识不同于哲学思维方式的真理，但是，它对人类探索真理的思维方式有特殊的认识论的补充价值；神话的内容是非现实的，但是，它对人们认识现实事物却有深刻的启发作用，或者说，神话是哲学认识的一种补充。这个认识论的事实说明，现代学术界关于神话的本质这样一些阐述，实际上是在肯定神话研究的哲学认识论价值。

---

① 叶舒宪选编：《神话——原型批评》，陕西师范大学出版总社有限公司 2011 年版，第 8 页。

## 二　神话意识与思想的本质区别

学术界关于神话意识的性质究竟应该如何正确认识这个问题的学术研究，无论是在肯定的意义上还是在否定的意义上，众说纷纭，各执一词。但是，我们必须在这样错综复杂的理论争论中，搞清楚一个关键问题，这就是如何正确认识神话意识与思想的本质区别。我们应该看到，神话意识的性质有极端复杂的一面；同时，作为哲学范畴的思想，与神话意识之间的关系，也是十分复杂的。所以，关于神话意识与思想的本质区别的研究，需要有严格的科学态度，要深入细致，绝不能简单化。这样，我们才能真正认识神话研究的特殊哲学意义。

### 1 神话：一种集体无意识形式

我们已经看到，在关于神话本质的研究中，卡西尔认为，神话实际上具有人类精神世界的非存在性这样的本质特征。那么，与其非存在性的本质相适应的神话意识则应该是一种无意识的特征。与此相类似的学术观点是，在西方的一些研究著作中，常常把神话用“原型”的概念来说明。据介绍，原型（archetype）又译为“原始模型”或“民话雏型”。这就是说，神话在本质上是人类社会一种原始性质的意识形式，一般来说，原始意识实际上是没有明确的个人主体的意识形式，严格来说是一种无意识。如果从哲学思维的角度来看，这可以说是对神话意识的本质的一种比较深刻的解释。我们看到，正是在这个意义上，针对神话意识的性质问题上的学术争论，C.G. 荣格提出了

“集体无意识”的概念。他对这个概念进行了定义性的论述：“集体无意识是人类心理的一部分，它可以依据下述事实同个体无意识作否定性的区别：它不像个体无意识那样依赖个体经验而存在，因而不是一种个人的心理财富。个体无意识主要是由那些曾经被意识但又因遗忘或抑制而从意识中消失的内容所构成的，而集体无意识的内容却从不在意识中，因此从来不曾为单个人所独有，它的存在毫无例外地要经过遗传。个体无意识的绝大部分由‘情结’所组成，而集体无意识主要是由‘原型’所组成的。”①集体无意识与个体无意识的本质区别，是说集体无意识是一种虚假的意识，或者说是类似于虚假的意识形态的那种意识。在这个比较研究中，我们能够进一步深刻认识思想的本质特征，这就是说，任何一种思想都应该是真实的，都必须具有客观现实基础。

我们说神话的本质是一种集体无意识，这就意味着神话故事的叙述是不遵循正常思维规则的，这一点突出地反映在神话的语言特点上。我们可以看到，在大多数的神话故事中，神话语言有突出的幻想性质、非理性特点、非逻辑规则特征。语言是思想的直接现实，真正的思想必须用规范的语言才能准确反映。很显然，神话语言的基本特征，决定了它很难正确反映作为哲学范畴的思想；同时，神话的这种“集体无意识”特征，就决定了神话意识与思想必然具有本质的区别，也就是说，神话意识的这种本质特征，使它不可能成为任何一种哲学范畴

① 叶舒宪选编：《神话——原型批评》，陕西师范大学出版总社有限公司2011年版，第99—100页。

的思想。

对神话意识的本质的这种界定，即确认神话意识是一种“集体无意识”，其哲学认识论意义在于，神话意识具有了意识形态的本质特征。在历史研究的学术资料中，我们可以发现，远古神话的产生，主要是基于人类对大自然威力无可奈何的敬畏；人们已经看到，随着科学文明的发展，大自然的威力已经成为人类可认识、可控制，并且是可利用的力量了，所以，这个时代的自然力量已经逐渐地不再被“神化”了，这自然是人类文明的一个历史性的进步。但是，这样的历史性进步，在社会生活领域中摆脱“集体无意识”的神话束缚，却是艰苦、曲折的过程。这方面的经验教训，需要我们认真总结。

在学术理论界不断总结历史教训的过程中，人们深深地感到，神话的“集体无意识”，常常成为强大的精神力量，以各种不同的形式，束缚着许多人的思想。其中的一个突出表现形式，就是那些异己的社会性力量，被某些政治势力为自己谋取特殊利益所利用，制造出了以神话“集体无意识”为基础的各种“拜物教”，用来对社会公众进行思想麻痹，使之成为他们的政治工具。比如当年的法西斯主义者，就以其意识形态的虚假性，制造了一些所谓“国家拜物教”“政党拜物教”“个人崇拜”等，用来作为控制社会公众的精神武器。近代以来的社会发展经验教训已经说明，人类最终摆脱社会性神话意识的束缚，是需要相当长的历史时期的事情，其中的一个决定性因素，就是作为社会主体的人的思想，由自发到自觉的深刻转变过程。长期以来的经验教训说明，没有个人的自觉意识的实际形成，没有真正独立自主的个人的诞生，从拜物教意识的束缚中解放出来，具有自己自觉的思想，那是不可能的事情。人们已经看到，我们正在经历着艰苦的思想解放过程。这个过程之所以艰难曲折，归根结底是由于仍然在拜物教意识的控制之下。对此，我们必须有越来越清醒的认识，表现出更大的思想自觉。在这里，思想自觉具有决定性的意义。

在这个问题的学术研究中，有的学者把以意识形态虚假性为基础的所谓“国家神话”“政党神话”“伟人神话”等，称为“现代神话”，并指出：“现代神话不同于原始神话，它不是在人民中自发产生的。现代神话是精神创造者搞出来的，只是在这之后才传播到群众中间。科学和哲学是知识分子的创造物，而神话则是表面上具有文化的半开化的人的创造物。为了适应时代的要求，神话可以贴上科学的标签，但是在它的伪科学的词句后面却始终掩盖着内在的空虚、矛盾性和幻想的本质。尽管有时披上了人道主义的外衣，但神话归根结底总是敌视人的。现代的交流手段（借助这些手段很容易把群众控制住）赞美神话，使神话变成普遍的财产。神话的创造者的疯癫状态（这种状态由于群众的精神上的迟钝而会产生更大的影响）会使神话变成危险的社会力量。”[①] 我们已经看到，20 世纪 30 年代到 50 年代，世界上的法西斯主义即所谓国家社会主义专制集权体制的权力垄断者——纳粹分子以及其他的独裁专制主义者，以伪科学的种族主义神话，或者以所谓“集体无意识”的神话意识形态毒害群众，瓦解人们的个人自主精神，

① 《第十六届世界哲学会议论文集》，中国社会科学出版社 1984 年版，第 258—259 页。

使他们失去主体意识，成为专制独裁政权的消极工具。人们已经看到，铲除这个造成人类社会灾难的现代神话，我们付出了极为重大的牺牲。这是一个极为深刻的历史教训。

在总结这个深刻历史教训的过程中，我们应该认识到的核心问题，一个就是如何使每个社会成员摆脱集权独裁神话的思想束缚，都成为自觉的积极主体，另一个就是如何使权力真正为社会公众所有，而不是变成专制独裁者个人的私有物。随着人类社会政治文明水平的不断提高，人们越来越深刻地认识到，英雄和伟人对社会发展固然有重要作用，但是，社会成员个人的普遍自觉性水平，才是社会发展过程中最终有决定性意义的因素。这是现代集权神话破产向我们揭示的一个真理。

我们由此能够看到，由于现代社会神话的出现，神话意识与思想范畴就具有了比较复杂的关系，也就是说，神话意识在特殊意义上可以说是一种思想形式，即神话意识具有意识形态的性质，但是，并不是所有的意识形态都属于思想的范畴，因为在现实生活中，有一些意识形态的形式，比如说虚假的意识形态，它们并不具有思想的性质，而且，虚假的意识是神话意识的本质特征。这就意味着，神话意识与思想有本质的区别，所以，如果把神话意识与思想混为一谈，必然造成思想上的混乱。这一点，我们在社会科学的理论研究中，特别是在马克思主义的理论研究中，常常能够体会到。

### 2 神话意识的幻想性质

大量的神话内容说明，特别是从一些典型神话故事的具体情节中可以看出，在神话中，人并不是某种思想的主体，因为在神话中人还没有意识到自己的存在，这就是说，神话反映了远古时代人类对自身的价值没有明确的自觉意识。在这个意义上完全可以说，什么是神话？神话就是古代人类的一种原始性质的幻想。关于这个问题，正如一位西方学者在其研究中提出的，“神话是一种幻想的意识形式”。对此，这位学者认为，神话是意识的最原始的形式，“这是原始人群中产生的理智的最初闪光。意识的人群性表现在，人还没有自己的精神世界，他生活在整个部落所共有的集体表象中。这种表象具有同经历和意志冲动融合成为一个统一的整体的映象的性质”。所以，“神话是集体的创造物，是原始类群意识的创造物，但另一方面又是把人联合成一个整体并巩固原始社会的集体的力量……在原始社会的人面前，世[illegible]表现为某种同他自身相同的东西。自然在人面前表现为异己的力量，人不能理解它，把一切存在物都看作是必然的。充满了痛苦的生存竞争的不谐和的世界，在人看来是原始宇宙的谐和。在神话中埋下了知识的最初的种子，但它与认识毫无关系。神话不是世界模式，而是行为模式，是真正的幻想的行为调节者”。[①] 这就是说，神话意识本质上不是一种认识形式，而是一种幻想的行为模式。所以，这个范畴的神话概念，实际上是作为一种贬义词被运用的。这一点，是由神话意识本质特征决定的，即神话意识的幻想性质。

由于神话是人的一种幻想意识，所以，在一些特殊的场合中，基

① 《第十六届世界哲学会议论文集》，中国社会科学出版社 1984 年版，第 257 页。

于某些社会政治因素的作用，特别是在权力垄断幻想支配下所形成的那些政治神话，其中的一个突出表现形式，就是个人崇拜，又叫作个人迷信，甚至就其特有的宗教意识特点也可以称之为个人信仰。我们这里把个人崇拜等定性为一种神话，即所谓政治神话，因为它的用语，诸如崇拜、迷信、信仰等，具有某些幻想的性质。在科学世界观里的个人作用问题理论，无论是正确的还是错误的，我们都应该严肃地称之为思想；但是，崇拜、迷信、信仰这一类说法，无论说得多么漂亮，都是一种幻想性质的言论，与我们所说的思想不可相提并论。

我们还应该看到，正是神话意识的这种幻想性质，使人们运用神话思维无法理解纯概念的东西，因为在神话中，语言名称与其所指的具体存在往往混为一谈。这是神话意识一个明显的局限性，即它对语言的价值持一种简单化的理解，这样，在神话的幻想意识中，人就不可能认识到语言所表达的真实思想内容。正如企图用各种神话来说明某个问题，不但没有说清楚问题的实质，反而把人们引向虚无缥缈的幻想世界中去了。

关于揭示神话意识的幻想性质及其现实局限性问题，马克思在研究希腊神话与希腊艺术的关系问题时，曾经比较详细地阐述过他的观点。马克思指出："任何神话都是用想象和借助想象以征服自然力，支配自然力，把自然力加以形象化；因而，随着这些自然力实际上被支配，神话也就消失了……希腊艺术的前提是希腊神话，也就是已经通过人民的幻想用一种不自觉的艺术方式加工过的自然和社会形式本身。这是希腊艺术的素材。不是随便一种神话，就是说，不是对自然（这里指一切对象的东西，包括社会在内）的随便一种不自觉的艺术加工。埃及神话决不能成为希腊艺术的土壤或母胎。但是无论如何总得是一种神话。因此，决不是这样一种社会发展，这种发展排斥一切对自然的神话态度，一切把自然神话化的态度；因而要求艺术家具备一种与神话无关的幻想。”[①] 这就是说，人类的艺术创造需要幻想，甚至应当说，没有幻想就不可能产生艺术。但是，这绝对不是神话性质的那种幻想，而是具有现实基础的那种真实幻想，与神话幻想不同的是，艺术创造中的幻想具有思想基础。很显然，那种完全没有思想性的艺术作品，不能称为艺术创作。

这就是说，神话意识这种幻想的意识形式，与人的思想是性质根本不同的意识形式，也就是说，神话意识的这种幻想，本质上不属于思想。我们可以看到，那些动辄满嘴神话的人，说明他企图以幻想来代替现实，这充分反映了他的思想很贫乏。所以，在一般情况下，企图用神话一类的话语来表达自己的思想，往往会弄巧成拙。这一点，在长期以来的所谓社会科学研究中，并不是绝无仅有的现象。

在许多学术研究中我们已经充分认识到，神话内容在实际上是一种虚构，这就是说，神话意识不是一种现实的、真实的意识，所以，如果运用科学的语言，严肃地说，它就是一种虚假意识。现实的社会生活说明，我们的思想可能是不正确的，是错误的，但却应该是真实的，而不能是虚假的。这就是说，尽管我们无法保证自己所表达的思想完

① 《马克思恩格斯选集》第 2 卷，人民出版社 1995 年版，第 29 页。

全正确，但是，却应当保证自己的思想是真实的。这就是思想的本性，即它的客观真实性，而这恰恰就是神话意识与思想的一个本质区别。

### 3 神话意识的虚构想象特征

在大多数的神话故事中，我们获得的认识，是虚幻的东西、想象的东西，虽然具体，却不具有抽象思维的性质。这就是说，神话意识在本质上就是原始人的一种虚构性质的想象。在这个方面，恰恰反映了神话意识与思想的本质区别，因为作为哲学范畴的思想，其本质的特征，就是任何思想都必须以抽象概念的形式存在。

神话学家通过心理学的研究得出的一个重要结论认为，“神话乃是人类之梦”，其特点是神话故事表现出的那种特殊的“梦幻性质”。[①] 这就是说，神话故事往往是人类的一些虚幻的梦想。这样，就使神话意识具有了虚构想象的特征，从而也就使它与必须具有真实客观基础的思想有了本质区别。

关于这个问题，卡西尔在其专门研究神话的著作中认为，神话虽然是一种虚幻的梦想，但是，神话意识却是人类在达到理性思维之前的一种普遍的认识世界、解释世界的思维方式。所以，不能认为神话是一种谎话，也不能说神话是一种任意的幻想。作为一种思维方式，神话给原始人带来一种神话的世界观，它有自身的特点和规律。例如，神话思维中“并不存在对于具有经验意义的本质与偶然、真理与假象

---

① ［美］戴维·利明、埃德温·贝尔德：《神话学》，上海人民出版社 1990 年版，第 101、103 页。

的区分”，“所以常常把单纯的表象同现实的知觉、愿望与愿望的实现、影像与实物混同起来”。[①] 应该说，这是人类具有的一种特殊思维能力，它使人能够在自己的精神世界中创造出远古时代的虚幻故事，创造出当今社会现实中并不存在的那种希望之物，这就是人们常见的那种虚构想象能力。很显然，正是人类特有的这种特殊思维能力，使他们创造出了各种各样的神话。

正是由于人类具有这样的特殊思维能力，他们基于不同的利益需要而创造出了一些性质截然不同的所谓“神话”。我们可以看到，在一些腐朽的官场中，政客们说假话已经成为家常便饭。如果有人要揭穿他们的假话，他们可以大言不惭地“回击”说，你这是在制造“神话”！这就是说，在这样的场合中，“真”“假”已经颠倒了。

正是在这样的社会现实生活中，我们能够更加清楚地认识到神话意识与作为哲学范畴的思想有本质的区别。那么，神话意识与思想的本质区别是什么呢？概括地说，这就是神话意识的肤浅性、虚假性，思想的深刻性、真实性。神话意识与思想之间这种本质区别的主要原因是什么？概括地说，就是神话意识具有虚构想象的特点，思想范畴则具有客观抽象的特点。

### 4 神话意识主体的非人格性质

神话意识的主体究竟如何认识，这是一个重要的哲学问题，因为

① 叶舒宪选编：《神话——原型批评》，陕西师范大学出版总社有限公司 2011 年版，第 6 页。

我们从这里能够比较清楚地认识到神话意识与思想的本质区别。有的神话研究者认为，作为意识形式的神话，由其产生和形成过程来看，作为人类意识的最原始形式，“神话产生于社会发展的最初阶段，那时人还没有意识到自己是人，还不能从周围环境中显示出自己”[①]。神话意识，应该说也是人的意识，但是，我们如果研究一下中外那些著名的神话，就可以发现一个问题：那些神话故事的主体，并不是我们所说的真实的“人”，而是实际上并不存在的“神”。对此，我们如果认真考察一下，就能够发现一个问题，比如说，中国神话《夸父逐日》中的夸父，西方神话《奥林帕斯山上的宙斯》中的宙斯，作为神话故事中的主体，至高、至伟、至尊、不朽，但是，它们却没有任何思想诉求，不作任何道德说教，表现为一种具有神圣性质的非人格形象。可见，神话意识的主体是一种被神化了的抽象物。这就是说，在大多数神话故事中，其主体都是被升华了的抽象神圣形象，它们具有的是一种非人格意识。很显然，人的意识的非人格化，这是神话意识的主体被神化了的一种必然表现形式，这就是说，神话意识的主体具有了非人格性质。换句话说，神话意识本质上不是作为主体的人的意识，或者说，神话意识没有客观基础。在这个意义上可以说，神话意识与必须具有客观基础的人的思想，有本质上的区别。所以，神话意识的主体本质上不是现实中的人，而是一种被神圣化了的某种虚幻客体。神话意识主体的非人格性质，就是我们所说的神话意识与作为哲学范畴

① 《第十六届世界哲学会议论文集》，中国社会科学出版社 1984 年版，第 257 页。

的思想之间的本质区别。

如果我们进一步来说，思想必须是人作为主体的意识形式，不存在一种非人的思想，非人的思想不能称为思想。这样，神话作为意识形式的非人格化，使它与作为人的主体意识的思想有了本质上的区别。在谈到某种思想的时候，应该指出这是什么人的思想，或者说某种思想的主体是什么人。但是，在神话意识中，并不存在这样的问题。

通过对以上具体的神话故事的分析，我们可以越来越深刻地认识到，神话故事中的主体中的“神”，是“神思”“神奇”“神圣”“神灵”，如此等等，这样，神话就成为一种特殊的非理性思维的产物。这就是说，神话的主体，是被神化了的神圣之物，它们只能是人们崇拜的对象，只能是信仰的对象，而不是思考的对象。由此可见，神话意识绝不能称为某种思想，因为思想是一种自觉的精神行为，思想的对象必须具有客观性质；崇拜和信仰是一种盲目的思维，崇拜和信仰的对象是非现实的，甚至可以说是莫须有的东西。从这个比较研究中，我们就能够进一步深刻认识思想的本质了。

从大量神话故事中能够看出，如果说神话中有“人”，那么，这个“人”也是已经被神化了的人，不是现实生活中那种真实的人，而是某种非现实的人，或者说就是“神”。这就是说，神话意识主体被“神化”，从而使神话故事主体非人格化。这样，就使神话意识成为一种非人格化的原始的非理性思维形式。很显然，主体非人格化的意识形式，绝不能称为思想，因为任何一种思想，都必须是人的思想，而且必须是真实的人的思想。这就是作为哲学范畴的思想的一个不可或缺的本质特征。

**简单的结语**

神话研究是一个意义广泛的学术课题，就其主要性质而言，神话是文学研究的领域。本文专门从哲学的角度进行了研究，主要是为了在一个特殊的学术领域中，深入研究作为哲学范畴的思想的本质问题。我们的研究已经说明，神话意识与哲学思想有本质的区别。但是，应该承认一个历史事实，各个民族的神话在本民族的思想发展中，都产生过各种不同程度的积极作用。人们已经看到，作为人的精神世界的一种升华，神话反映了人的巨大想象力，所以，认真研究神话意识的形成和发展，将能够有力地增强人的创造性思维能力。这自然也是神话研究的哲学意义。

（原载于《学术界》2022年第4期）